HABLEMOS

CONVERSACIONES
PODEROSAS PARA
TENER RELACIONES
EXITOSAS

JIMMY Y AÍDA CORNEJO

WHITAKER
HOUSE
Español

Cursivas y negritas son énfasis del autor.

Editado por: Ofelia Pérez

Hablemos
Conversaciones poderosas para tener relaciones exitosas

ISBN: 979-8-88769-134-3
eBook ISBN: 979-8-88769-135-0
Impreso en los Estados Unidos de América
© 2024 por Jimmy y Aída Cornejo

Whitaker House
1030 Hunt Valley Circle
New Kensington, PA 15068
www.espanolwh.com

1 2 3 4 5 6 7 8 9 10 11 ⊔⊔ 31 30 29 28 27 26 25 24

DEDICATORIA

A todos quienes, al igual que nosotros, desean
hacer de su mundo un mejor lugar por medio de sus
palabras.

AGRADECIMIENTOS

Gracias a mis padres, Gerardo y Aída, por enseñarme el valor de las palabras. Su ejemplo en la manera de usar el lenguaje para construir relaciones y conectar a las personas es parte de mi legado. Aprendí de ustedes cómo usar las palabras con sabiduría, intencionalidad y cuidado.

Gracias a Dios por poner la Palabra en mi boca y en mi corazón.

ÍNDICE

PRÓLOGO

Si tus superhéroes favoritos escribieran un libro, ¿cuál sería?

Mientras lo piensas, quiero que sepas que este es el libro escrito por mis superhéroes, mis padres. Estoy seguro de que el amor que tengo por los libros y por las palabras proviene de ellos. No sé si estoy calificado para escribir este prólogo. Siento que el papel me queda grande cuando tengo que hablar sobre un libro de ellos, pero prometo hacer mi mejor intento.

Si alguna vez tuviste una conversación difícil, sabes que después de la misma solo hay dos posibles resultados: el primero, de satisfacción por haber dicho todo lo que querías decir, y el segundo, un poco más difícil de lidiar, es el remordimiento de "¿Por qué dije eso?" o "¿Por qué no dije esto?". Los seres humanos estamos hechos de palabras, y nos vamos desarrollando a través de nuestras conversaciones. Muchas de las cosas que queremos en la vida están del otro lado de las conversaciones que no tenemos, de aquellas que solo evitamos porque sabemos que serán difíciles de tener y aunque preferimos evitarlas, el no tenerlas deja huellas en nuestra alma.

¿Cómo sería tu vida si pudieras decir todas aquellas cosas que quieres compartir? Probablemente seríamos personas más felices, personas más libres. Me encantan las palabras de Maya Angelou: "No existe mayor agonía que llevar dentro de nosotros una historia no contada". Este libro nos ayudará a tener conversaciones poderosas de manera sabia, entendiendo que sabiduría no es solo decir las cosas apropiadas en el momento correcto; sabiduría algunas veces es no decir las cosas equivocadas en el momento de tentación.

Las palabras tienen poder, son capaces de estrechar o cerrar relaciones, de llevarnos a la cima o hundirnos en la profundidad. Las palabras son herramientas para crear; con ellas podemos crear nuevos mundos, ya que las palabras son la expresión de nuestros pensamientos, y para tener nuevos pensamientos hay que leer nuevos libros.

Si somos el resultado de nuestras conversaciones, debemos aprender a ser sabios con nuestras palabras y para eso debemos educar y transformar nuestros pensamientos; eso es lo que este libro hará por ti. Te abrirá el entendimiento y te cambiará el pensamiento, tus conversaciones nunca más serán iguales, serán mejores y te llevarán a tener relaciones saludables con todas las personas, especialmente con aquellas que amas y te aman.

Las palabras son tan poderosas que tienen la capacidad de forjar nuestro destino. Recuerdo claramente un día que estaba pasando por uno de los mayores dolores de mi vida, andaba cabizbajo y deprimido pensando que no había salida. Ese día mi padre me miró a los ojos y me dijo: "Hijo, levanta la cabeza y sigue adelante". Ese día entendí en verdad la profundidad de las palabras. Esa pequeña expresión me ha acompañado toda mi vida, me ha ayudado a enfrentar momentos aún más difíciles que aquellos. Cuando la vida se ha puesto dura, las palabras de mi padre me han dado la fuerza para continuar y la sabiduría de mi madre me ha dado la inteligencia para proseguir.

Eso es lo que este libro contiene: fuerza para tener conversaciones difíciles y sabiduría para saber cómo tenerlas. Si hablar nos ayuda a sanar y nos invita a soñar, y nos da fuerza para continuar, entonces... ¡Hablemos!

Dr. Xavier Cornejo
Autor galardonado de *La historia dentro de ti* y
director de Whitaker House Español

PREFACIO

Tenía seis o siete años cuando fuimos con mis padres y sus amigos a un viaje en el oriente ecuatoriano. Toda una experiencia para un grupo de personas de la ciudad.

Uno de los amigos de mi papá era un político de renombre, bastante mayor a él. Había ostentado puestos y cargos importantes: don Enrique Arizaga Toral. Un hombre alto, serio e imponente para una niña de esa edad.

Como una chiquilla, yo tenía dificultades en comer ciertas cosas, y él mirándome me dijo "quien no sabe comer de todo, no debe salir de su casa". Momentos después salimos a caminar por la selva, y él, siendo una persona mayor, tuvo dificultades para caminar por el rio.

Al verlo, esa chiquilla se atrevió a decirle al hombre mayor "quien no puede caminar en cualquier lugar, no debe salir de su casa". Es ese el primer recuerdo que tengo de haber usado mis palabras como una defensa desde mi punto de vista, como un ataque desde la óptica de los demás.

A partir de ese momento he sido consciente de que estoy hecha de palabras. Estas bullen en mi interior pujando por salir. Soy palabra. Pero también disfruto de los grandes silencios. Tiempos en los que escucho la voz de Dios y mi propia voz, como un narrador interno, hablando a mi alma.

Mientras escribía algunas de las conversaciones más difíciles en mi vida, he recordado y han salido a flote los secretos que, guardados en mi alma, han marcado mi destino. He llorado mientras lo hacía, obligándome a detenerme hasta poder procesar lo que Dios me ha ido mostrando.

Creo que es más fácil borrar las palabras registradas en el cielo que las escritas en el corazón de las personas, por eso debemos tener mucho cuidado con lo que decimos.

Las palabras de mi mamá, por ejemplo, han quedado grabadas en el mío: "tu franqueza te pierde", me decía. O "no llores, no debes mostrar debilidad".

Parte del cambio es ser conscientes de que las palabras tienen el poder de crear, definir el rumbo de una vida, transformar y conectar; o, por el contrario, pueden destruir, romper, cortar o enfermar el alma de quien las dice o del que las escucha. Definitivamente su capacidad es asombrosa.

Reflexionar sobre nuestros errores de comunicación ha sido sumamente confrontativo, duro y retador.

Hoy pienso: ¿Cuántas cosas he dicho demás? Demasiadas. Y ¿cuántas cosas me he callado? Demasiadas.

Si manejamos bien el maravilloso regalo que Dios nos ha dado, podremos tener una vida más plena. Aprender cómo usar la palabra nos ayudará a:

+ Crear un mundo positivo.

+ Conectar con las personas con las que hacemos la vida.

+ Resolver conflictos y reducir el estrés.

+ Mejorar nuestra salud física y mental.

+ Educar hijos más felices y mejor preparados para la vida.

+ Mejorar nuestras relaciones de trabajo, ayudándonos a tener éxito.

Oramos para que mientras usted lee, pueda mirar dentro de su alma sin filtros y trabajar con la zona que necesita para mejorar su vida y las relaciones con los demás. No será fácil, pero valdrá la pena.

Aída

Introducción

HABLEMOS

La palabra es una llave que nos abre al mundo.
Todo lo que nombramos pierde su misterio,
se hace más cercano...
los deseos, los sentimientos…
Anónimo

HABLEMOS: Esta simple palabra lleva un mensaje poderoso y puede generar ilusión o temor, crear belleza o plantear un gran desafío. Es fuerte y delicada a la vez. Nos recuerda la importancia de la comunicación verbal, la escucha activa y la riqueza del diálogo en todas las relaciones, sobre todo en la intimidad de la familia.

El ser humano es el único de la creación que tiene la capacidad de hablar, plasmar sus ideas en palabras y sus palabras en hechos, pues todo lo que el ser humano ha hablado, lo ha logrado. ¡Y es que la palabra tiene poder creativo!

Parecería que para hablar no se necesita ningún conocimiento previo o habilidades lingüísticas, pero como ciencia y arte que es, requiere una combinación de lo innato y lo aprendido.

En un mundo que se hace cada vez más pequeño, las comunidades se forman con personas de diferentes orígenes, culturas e idiomas, esto conlleva muchos desafíos que la generación actual debe saberlos sortear si desea un futuro más conectado, sabio y feliz.

¿Es la palabra el arma de batalla que divide y separa? ¿O es una herramienta poderosa para romper las barreras y aumentar la comprensión y la empatía entre las personas que provienen de diferentes entornos?

Vale la pena que le prestemos toda la atención debida al aprendizaje no solo de la palabra, el verbo y su conjugación, sino —y por, sobre todo— a la manera de comunicarnos.

Para hablar se necesitan por lo menos dos personas, protagonistas en un acto de colaboración y cooperación que tiene normas no escritas. Son dos mundos que intercambian ideas y pensamientos por medio de la palabra y la escucha atenta.

Mientras se lleva a cabo el ritual de comunicación, debe darse un intercambio de roles necesario para que haya una conversación. Veremos así que, dependiendo del momento, una u otra persona asume el rol de protagonista, mientras el otro maneja una escucha atenta. ¿Podemos todos manejar los dos papeles con la misma destreza? Ese es el reto que debemos superar.

En un momento en que la prisa nos impulsa a caminar solos, se trata de reducir el ritmo, ir un poco más lento en este mundo para escuchar a los demás y a nosotros mismos, hacer preguntas, hablar y buscar comprender a los demás. Para algunas personas ese intercambio es pedir demasiado.

¡Qué importante es mantener abiertos los canales del diálogo seguro y respetuoso en el que se escuche la voz de todos!

El propósito de este libro es alentar a las personas de una forma simple, pero efectiva, a participar en conversaciones significativas, rompiendo las barreras que los separan, para aumentar la comprensión y la empatía entre sí, superando sus diferencias; sin importar de donde estas provengan, ya sea por su historia de vida, antecedentes o perspectivas. La herramienta a utilizar es la que Dios nos ha regalado para edificar vidas, tendiendo puentes de unidad.

Mientras caminamos en un mundo cada vez más complejo y diverso, adoptemos la palabra como una herramienta para el cambio positivo por medio de la comunicación y la conexión. ¡Hablemos!

UNO

EL GRAN REGALO

Los límites de mi lenguaje son
los límites de mi mundo.
Autor desconocido

*Escucha con atención el estruendo de la voz de Dios
cuando retumba de su boca. Resuena por todo el cielo y
sus relámpagos brillan en todas direcciones. Después llega
el rugido del trueno, la tremenda voz de su majestad; él
no la retiene cuando habla. La voz de Dios es gloriosa en
el trueno. Ni siquiera podemos imaginar la grandeza de
su poder.* (Job 37:2-5 NTV)

¡Qué sonido tan increíble debió escucharse en el universo
entero cuando Dios creaba todo los que existe por medio
de Su palabra! Cada día un estallido de sonido inundaba de
vibración y color el espacio mientras se hacían visibles las
cosas invisibles.

Al rugido de Su voz aparecieron la luz, los planetas, la tierra, el agua, las plantas y los animales. No le bastó solo pensar o planificar la creación de todo el universo, que incluye este mundo maravilloso.

Al emitir Su Palabra las cosas fueran creadas, o transportadas del plano espiritual al plano natural.

> *Y dijo Dios: Sea la luz; y fue la luz...Dijo también Dios: Júntense las aguas que están debajo de los cielos en un lugar, y descúbrase lo seco. Y fue así... Después dijo Dios: Produzca la tierra hierba verde, hierba que dé semilla; árbol de fruto que dé fruto según su género, que su semilla esté en él, sobre la tierra. Y fue así...*
>
> (Génesis 1:3, 9, 11)

Al final de todo el proceso Dios crea al ser humano como su obra maestra, la culminación de todo lo que había hecho. A estos seres creados a Su imagen y semejanza Dios les hace un gran regalo: la palabra. La herramienta que Él mismo había usado para la creación del universo era compartida por primera vez.

La Palabra es Su gran regalo para la humanidad. La palabra crea más palabras, las cuales plasman en el mundo físico las imágenes elaboradas en la imaginación y el pensamiento. Por medio de la palabra son hechas las cosas que vemos de aquellas que no vemos.

El verbo hecho carne es la Palabra encarnada que vino a este mundo a conectar, o reconectar, a una humanidad perdida con un Dios de amor.

La palabra escrita es la fuente de sabiduría y dirección para una vida mejor, conectando con Dios y los demás. Y la palabra hablada otorga al ser humano la capacidad creativa que Él mismo tiene.

Ese es un regalo único para el hombre y la mujer, al igual que la creatividad. Los animales no tienen la capacidad de hablar, emiten sonidos, pero no hablan.

Palabra y creatividad van de la mano. El primer uso de la Palabra no fue comunicar, fue crear. Tal como Dios creó el mundo por la palabra, usted también puede crear el suyo por medio de sus palabras. El lenguaje es un generador de ambientes, emociones e imágenes.

Las palabras son semillas que echan raíces profundas y crecen hasta convertirse en un árbol que producirá fruto acorde a lo plantado. Es una herramienta poderosa y versátil. No se estanca, se adapta y evoluciona constantemente, permitiendo así la manifestación de una humanidad rica y diversa.

Si el primer uso de la palabra es Crear, el segundo no es menos importante. Pues la palabra sirve para Conectar. Pero como todo privilegio, la palabra trae consigo responsabilidad. Somos responsables de toda semilla que sale de nuestro interior. Jesús dijo que hay un registro de las palabras, vanas e inútiles que hablemos.

Les digo lo siguiente: el día del juicio, tendrán que dar cuenta de toda palabra inútil que hayan dicho.

(Mateo 12:36 NTV)

Aunque no podía ser de otro modo, es un poco intimidante saber que somos juzgados por toda palabra que sale de nuestra boca. Podemos imaginar a un ángel escribano llevando la anotación de cada palabra. Gracias a Dios porque su lápiz tiene borrador, y a través de Jesús podemos escribir una nueva historia.

Sin embargo, el cielo no es el único lugar donde se registran las palabras que hablamos. En la tierra, cada frase que decimos, cada imagen que producimos, se guarda en el corazón y mente de quienes las escuchan, y ese registro es más difícil de borrar que aquel que se lleva en el cielo.

La sencilla comparación de la lengua con el timón de un barco es un gran ejemplo del poder de la palabra y su importancia. Aunque el timón es pequeño, controla la dirección de todo el barco, de igual manera, sus palabras controlarán la dirección de su vida.

Es cierto que todos cometemos muchos errores. Si pudiéramos dominar la lengua seríamos perfectos, capaces de controlarnos en todo sentido. Podemos hacer que un caballo vaya adonde queramos si le ponemos un pequeño freno en la boca, también un pequeño timón hace que un enorme barco gire adonde desee el capitán, por fuertes que sean los vientos. (Ver Santiago 3:2-4)

No cabe duda que mucho del éxito o fracaso de los proyectos de vida que iniciamos, llámese familia, empresa, iglesia, etc. se encuentra en nuestra lengua.

El destino de nuestra vida misma se encuentra encerrado en el poder de una semilla llamada palabra. Es por la palabra hablada que encontramos salvación y vida eterna. Es la palabra la que completa el círculo de nuestra salvación.

Es cierto que somos salvos por fe. Pero se necesita más que creer únicamente: la salvación se recibe creyendo en el corazón y confesando con la boca. (Ver Romanos 10:9)

Reconocer a Jesús con nuestras palabras nos justifica delante del Padre. Al confesar a Jesús como nuestro Señor y salvador públicamente, estaremos mostrando de manera externa lo que nuestro corazón ya creyó.

Porque por tus palabras serás justificado, y por tus palabras serás condenado.   (Mateo 12:37)

Al hablar palabras de vida podemos traer sanidad, paz, prosperidad. Por medio de ella se inyecta esperanza para el futuro y energía para el presente.

Palabras hieren y palabras sanan. Abren una amistad; también cierran el corazón de alguien para siempre.

Un amigo ofendido es más difícil de recuperar que una ciudad fortificada. Las disputas separan a los amigos como un portón cerrado con rejas.   (Proverbios 18:19)

Pero también es posible tender puentes y restaurar relaciones con solo decir las palabras correctas, como "lo siento" o "¿podrías perdonarme?".

Una chispa puede incendiar un bosque. *De la misma manera, la lengua es algo pequeño que pronuncia grandes discursos. Así también una sola chispa puede incendiar todo un bosque*

LAS PALABRAS
SON PROFECÍAS QUE SE
CUMPLEN SOLAS EN SU VIDA
Y EN LA DE LOS QUE
LE ESCUCHAN.
SOMOS LO QUE DECIMOS
Y RECIBIREMOS LO QUE
DECIMOS.

(Santiago 3:5, NTV). Así mismo un pequeño rumor puede quebrar un banco.

¡Ese es el poder que tiene un pequeño chisme! Llega a ser la chispa de un gran incendio que arrasa con todo lo que está cerca.

La muerte y la vida están en poder de la lengua.

(Proverbios 18:21)

Si la vida y la muerte están en nuestros labios será necesario ser más conscientes del uso del gran regalo. Lo que usted habla tiene un impacto de muerte o vida.

a. Para los hijos

b. Para el cónyuge

c. Para los familiares

d. Para los amigos

e. En su salud mental y física,

f. En su vida financiera

Al hablar palabras positivas, su mundo se amplía, su mente se llena de paz y el corazón de felicidad, mientras que las palabras negativas producen malos resultados que nos roban salud y vida. No se puede sembrar una semilla y cosechar otra cosa, es imposible hablar palabras de derrota y fracaso, y esperar vivir en victoria. Segaremos lo que hemos sembrado.

Si quiere cambiar su mundo, cambie sus palabras. Si quiere mejorar sus relaciones, atrévase a hablar de los conflictos con sabiduría y prudencia.

Las palabras son profecías que se cumplen solas en su vida y en la de los que le escuchan. Somos lo que decimos y recibiremos lo que decimos.

Para tener vida, salud, esperanza y paz, hable palabras de vida salud, esperanza y paz.

Si es por medio de la palabra que se determina la vida física y espiritual del ser humano, dando forma al mundo de quienes las hablan y las escuchan, sería sabio prestar la atención necesaria al arte de comunicar.

Este es un buen momento para evaluar dónde se encuentra su vida y reconocer cómo su lenguaje lo ha llevado hasta allí. Y por supuesto rectificar, si es preciso, para crear un mundo mejor.

Te has enlazado con las palabras de tu boca, Y has quedado preso en los dichos de tus labios.   (Proverbios 6:2)

Aprender a comunicarse con Dios por medio de la oración es un primer paso para cambiar.

Desarrollar el arte para determinar cómo, cuándo y dónde hablar con quienes lo rodean, y aún con usted mismo, marcará un antes y un después en el estilo de vida que lleva. Tan importante como eso, es comprender de dónde salen sus palabras, y la manera correcta de entregar el mensaje. Tenga la certeza de que sus palabras producirán milagros.

La oportunidad nos dirá cuándo es el momento justo y la creatividad nos llevará a encontrar los medios necesarios para entregar el mensaje.

Esta es su oportunidad. Ponga la palabra de Dios en su corazón, pero póngala también en su boca.

Porque como la lluvia y la nieve descienden del cielo y no vuelven allá sino después de haber saciado la tierra y de haberla hecho germinar, producir y dar semilla al que siembra y pan al que come, así será mi palabra que sale de mi boca: No volverá a mí vacía, sino que hará lo que yo quiero, y será prosperada en aquello para lo cual la envié.

(Isaías 55:10-11 RVA-2015)

DOS

UN POZO CONTAMINADO

La lengua no es la envoltura,
sino el pensamiento mismo.
Miguel de Unamuno

Dios, habiendo hablado muchas veces y de muchas maneras en otro tiempo a los padres por los profetas, en estos postreros días nos ha hablado por el Hijo, a quien constituyó heredero de todo, y por quien asimismo hizo el universo. (Hebreos 1:1-2)

¿Cuántas formas de comunicación existen? ¡Muchas! Todos sabemos y podemos enviar mensajes sin palabras de varias maneras.

Nuestro creativo Dios encontró muchas formas de conectarse con su creación.

En el Génesis hablaba con Adán al caer cada tarde.

En el libro del Éxodo guiaba a su pueblo como una columna de nube en el día, y de fuego en la noche.

Él nos habla a través de sus ángeles. Por cierto, la misma palabra "ángel" quiere decir mensajero.

Nos habla por medio de sueños y visiones.

Su voz se ha hecho audible por medio de profetas.

Y su Espíritu nos habla por medio de sus dones.

El susurro del Espíritu en nuestro oído lo escuchamos en la mente y el corazón, en muchas ocasiones por medio de ese narrador interno que nos advierte del peligro y nos guía a toda verdad.

Aún nos puede hablar por medio de las circunstancias. En ocasiones Él cierra las puertas porque dice no, y en otras las abre.

¿Por qué, entonces, teniendo tantas maneras de darnos su mensaje envió a Jesús (la Palabra, el verbo encarnado)? Parte de la respuesta es que solo a través de la palabra de Jesús podríamos conocer a ese Dios al que únicamente veíamos por sombras, a pesar de todos los intentos que hizo para comunicarse con su creación.

Jesús, la palabra encarnada, fue la manera más eficiente y clara de comunicación de Dios con la humanidad.

De la misma forma, nosotros podemos enviar mensajes a quienes nos rodean con gestos, actitudes, regalos, memes y emoticonos. Pero el mensaje real no siempre es comprendido, porque la comunicación es poderosa cuando los mensajes sin palabras son confirmados por estas.

Volvamos a la creación por un momento. Cada mañana el sonido de la voz de Dios retumbaba en el universo y su palabra creaba algo nuevo. Como un artista que evalúa su obra, cada tarde Dios miraba todo lo que había hecho y le daba su aprobación. Todo lo que hizo era bueno, era bello, era hermoso. Excepto una cosa: LA SOLEDAD.

Adán tenía una perfecta relación con Dios, tenía alimento, era el jefe de toda la tierra, tenía todo lo que necesitaba, pero algo hacía falta: alguien con quien hablar. Una conexión con la que podía compartir todo lo que Dios había creado.

Mientras estemos vivos, el corazón, la mente y el alma estarán buscando una conexión. Esa necesidad surge antes de nacer y continúa a través de la vida. Todas las tardes Dios hablaba con el ser humano, y entre ellos había perfecta unidad, pero necesitaba alguien igual a él, y Dios creó a Eva.

A partir de ese momento, el regalo que servía para crear debía también ser usado para comunicar y conectar. La palabra tenía ahora una doble función.

Todo iba bien hasta que la serpiente, que conocía el poder de la palabra, le habló a la mujer. Sembró dudas en su mente, y ella, creyendo las mentiras, desobedeció al mandato del Creador. Fue por la palabra que el diablo ganó la batalla inicial en el huerto del Edén. Él no necesitó obligar al ser humano, solo hablar con él, y así lo volvió su esclavo.

La serpiente era el más astuto de todos los animales salvajes que el Señor Dios había hecho. Cierto día le preguntó a la mujer: —¿De veras Dios les dijo que no deben comer del fruto de ninguno de los árboles del huerto? —Claro que podemos comer del fruto de los árboles del huerto— contestó la mujer—. Es solo del fruto del árbol que está en medio del huerto del que no se nos permite comer. Dios dijo: "No deben comerlo, ni siquiera tocarlo; si lo hacen, morirán". —¡No morirán! —respondió la serpiente a la mujer—. Dios sabe que, en cuanto coman del fruto, se les abrirán los ojos y serán como Dios, con el conocimiento del bien y del mal. La mujer quedó convencida. Vio que el árbol era hermoso y su fruto parecía delicioso, y quiso la sabiduría que le daría. Así que tomó del fruto y lo comió. Después le dio un poco a su esposo que estaba con ella, y él también comió. En ese momento, se les abrieron los ojos, y de pronto sintieron vergüenza por su desnudez. Entonces cosieron hojas de higuera para cubrirse. (Génesis 3:1-7)

La serpiente cuestionó las palabras de Dios. Insinuó que Dios estaba ocultando algo. Le hizo creer a Eva que había algo especial de lo cual Dios no quería que ella disfrutara. Cuestionó los motivos del Creador, y Eva le creyó. Los mismos que habían caminado con Dios cada tarde, hablando con Él y escuchando su voz, ahora se escondían de su Creador. Después de cuestionar a Dios, **engañó a Eva.** Mintió descaradamente, y ella le creyó. Jesús dijo que Satanás es "padre de la mentira" y que no hay "en él no hay verdad alguna". Su táctica siempre es la del engaño.

Por primera vez en la historia la palabra, que era un regalo para crear y conectar, fue usada para dañar y mentir. Se había contaminado.

A partir de ese momento los seres humanos iban a usar la palabra de mentira para engañar y dañar a los demás, desvirtuando el propósito inicial del regalo de Dios. La palabra que fue dada para crear, ahora sería usada para destruir.

El mal uso del regalo lo convirtió en una arma de destrucción. La palabra, que debía conectar, se convertiría a partir de ese momento en un medio de división. Lo que era fuente de verdad y estabilidad trajo confusión y discordia.

El don de la palabra ya no serviría únicamente para el bien, había perdido su pureza.

¡La humanidad fue robada con una simple palabra de duda! ¿Cómo pudo con tan solo una palabra destruir tanto? Ese es el poder de la palabra, aun como arma de guerra.

Ese día un veneno mortal fue derramado en el pozo del que bebe nuestra alma; y será decisión de cada persona escoger si beberá del pozo contaminado o buscará la fuente de la palabra de Dios para beber.

Si toma del pozo correcto, esa agua será usada para dar frescura y alivio, para crear y conectar, como fue su propósito inicial; pero si elige el pozo del que brota agua contaminada, sufrirá angustia, división, engaño y muerte. Todo lo contrario de lo que la serpiente había ofrecido.

Esa voz sigue hablando en nuestra mente. No la confunda con la suya, y mucho menos con la voz de Dios. Para

reconocer quién habla será necesario discernir la voz, entender que todos tenemos un narrador interno y desarrollar la
capacidad de escuchar.

TRES

CONFUSIÓN DE LENGUAS

Al inicio de los tiempos la humanidad hablaba una sola lengua. El libro de Génesis nos cuenta que un grupo de personas, unidos por la palabra, establecieron un propósito común: construir una gran torre que llegara hasta el cielo para ser famosos y nunca separarse.

Entonces se pusieron de acuerdo para hacer ladrillos y cocerlos en el horno. Su objetivo estaba claro y la estrategia también. Cada uno tenía una tarea y no descansarían hasta cumplir su objetivo, siendo persistentes en su objetivo. Al mirar Dios lo que sucede, hace una declaración extraordinaria: "¡Miren! La gente está unida, y todos hablan el mismo idioma. Después de esto, ¡nada de lo que se propongan hacer les será imposible!".

En este caso, el pueblo se puso de acuerdo:

En la meta: lo que quería lograr (la meta era construir una torre)

En la estrategia que seguirían para conseguirlo (hacer ladrillos y usar brea)

En el propósito (ser famosos y mantenerse unidos)

En el trabajo que le correspondía hacer a cada uno y,

En la persistencia necesaria.

Ya que el propósito no iba de acuerdo con la voluntad del Señor, Dios encuentra la manera más rápida y fácil de evitar que lo cumplan: confundir su lenguaje. A partir de ese momento perdieron la capacidad de entenderse, la claridad de visión, estrategia y misión. Como resultado, el proyecto de construcción de la torre quedó abandonado y la gente se dispersó. Es decir, sucedió exactamente lo que temían. Si bien es cierto que la primera función de la palabra es crear, la segunda es conectar. O debería serlo. Porque muchas veces, como en Babel, la palabra confunde.

No hubo necesidad de quitar martillos, cinceles, ni el plano de la construcción. Bastó con quitarles la habilidad para comunicarse entre sí. Las lenguas fueron confundidas y la visión clara que al inicio los hacía imparables, se diluyó.

La gran enseñanza de este pasaje es que el éxito o fracaso de la meta propuesta está ligado a la unidad de propósito y estrategia del grupo o equipo. Es decir, a la comunicación.

Los habitantes de Babel buscaron destronar a Dios, quitarlo de en medio y llevar a cabo sus propios planes, construyendo una torre de acuerdo con sus normas. El esfuerzo fue inútil y terminaron separándose.

Sucedió en Babel y sigue pasando hoy. Sin comunicación no se puede edificar. Sin ella no es posible establecer la unidad de propósito y estrategia, ni determinar la función que cada persona tiene.

Varias son las acepciones de la palabra "confusión". Según los diccionarios confusión es:

+ Mezclar

+ Desconcertar

+ Falta de orden o claridad cuando hay muchas personas o cosas juntas

+ Perplejidad, desasosiego, turbación de ánimo

+ Equivocación, error

+ Abatimiento, humillación

Confusión es sinónimo de algo inexplicable, inentendible. Aun teniendo una meta común, el acuerdo no llega porque cada uno quiere alcanzarla de manera diferente. Puede convertirse en un diálogo de sordos que nos vuelve incapaces de establecer consensos.

Si estas palabras describen alguna de las relaciones en su vida, ya sea familiar, social o de trabajo, de seguro que no va a prosperar.

LO QUE NO SE HABLA

NO SE RESUELVE.

En Babel no solo nacen lenguas diferentes, sino pensamientos y motivaciones distintas, cada una buscando su propio interés. El resultado seguro siempre será el desacuerdo, y eso lleva a la ofensa rápidamente. A partir de allí la espiral que se produce solo dará como resultado división.

Para nosotros, la comunicación ha sido el mayor problema que tenemos como matrimonio. Desde el primer día y hasta hoy sigue siendo el mayor desafío. Somos muy diferentes. ¿Cómo expresar ideas y opiniones tan diversas sin que haya un choque?

Es la cultura —nos hemos dicho—, las diferencias de género, la crianza... sabemos que hombres y mujeres hablan distinto y se comunican de manera diferente, pero el saberlo no alivia el desafío que implica vivir con esas diferencias en el día a día.

Parecería que nunca supimos bien como hablar. Nuestra relación no pasó por las etapas normales. De novios hablábamos muy poco. Compartíamos mucho, pero nunca nos detuvimos a hacer un plan de vida. La improvisación ha sido una constante a partir de allí. Evitar temas difíciles, disimular molestias, enterrar resentimientos... pero el tiempo pasa la factura, porque lo que no se habla no se resuelve. Y hoy nos vemos obligados a hablar de aquellas cosas que evitamos durante años. Y eso no es fácil.

La mejor manera de describir ese encuentro es imaginar una ola del mar golpeando la roca. Ninguno de los dos cede, pero, si el agua sigue golpeando la roca, se desgasta poco a poco. El ataque y la retirada son constantes, pero, aunque la conversación no sea fácil, necesitamos atrevernos a hablar. Y para ello debemos tener claras las ideas y también los deseos de cada uno.

Las estadísticas muestran cada vez un mayor porcentaje de separación de las familias y la causal más común para un divorcio es "diferencias irreconciliables". ¿Cuáles son? ¿Qué puede ser algo irreconciliable? Cualquier cosa puede serlo si no sabemos gestionar los conflictos.

"¿Cómo puedo vivir contigo si no te entiendo?", piensa la gente. Gran cantidad de parejas no llegan a la meta de permanecer juntos "hasta que la muerte los separe" porque su lengua está confundida. Pero es más que eso, sus planes de vida están confundidos, sus sueños y deseos lo están. De allí la importancia de comprender de dónde salen las palabras que decimos y tener el valor de ser empáticos.

El mal manejo de la comunicación ofende, lastima y confunde. Puede iniciar una espiral de desacuerdos que no siempre terminan bien. La escalada en una discusión lleva a la ofensa, que levanta murallas y abre brechas.

El sabio Salomón compara la ofensa como un cerrojo difícil de abrir.

Todos los días vemos esposos que aman a Dios, pero no logran llevarse bien entre sí, familias que se dividen, proyectos que quedan a medio construir. Al igual que en Babel, no basta con iniciar la obra en acuerdo, este debe mantenerse con persistencia y comunicación a través del tiempo.

No se trata solamente de idiomas y dialectos, que en este momento pudieran superarse fácilmente con traductores.

Las diferencias son más profundas. Cada persona es única con una mente repleta de ideas que puede plasmar en palabras, arte y creatividad. Eso enriquece al mundo, lo llena de belleza, pero es su más grande desafío. En Babel se perdió la unidad, surgiendo la incapacidad de comprensión.

A veces hemos visto que aún la oración de nuestra alma es fuente de confusión. Si el esposo desea algo y la esposa otra cosa, cada uno estará orando algo diferente. Pero Jesús dijo que hay poder en el acuerdo, no en la división.

La palabra "división" tiene que ver con dos visiones. Es una forma de ver el mundo diferente, y así no se puede edificar. Es preciso buscar el acuerdo tratando de comprender al otro y disfrutar de nuestras diferencias. No es uniformidad lo que se requiere para construir un proyecto, es unidad.

¿Cómo podemos revertir la confusión para dar paso a la unidad? Recuperando lo perdido, por supuesto. Por medio de una palabra no contaminada.

Hablar de manera saludable es indispensable para atravesar el muro que nos separa, invitando, aceptando, aprendiendo y aplicando las herramientas que Dios nos ha dado para el buen uso de su poderoso regalo.

- Invitar a Jesús, LA PALABRA encarnada, a nuestra vida, es el primer paso. Abra la puerta de su corazón con la llave de la fe y deje que La Palabra, con todo su poder, habite en usted.

- El segundo paso es permitir al ESPIRITU hacer su obra de unificación. Su trabajo es llevarnos a la verdad. Es su consejo el que necesitamos. En el momento en que le

LA VERDADERA GRANDEZA RESIDE EN CONSTRUIR PUENTES ENTRE LAS DIFERENCIAS, ENCONTRANDO UN LENGUAJE COMÚN.

permitamos hacer su obra obtendremos el mismo resultado en el día de Pentecostés. Allí un grupo de personas que hablaban más de quince lenguas distintas pudo entender un solo mensaje sin filtro alguno. Con unidad de lengua, lograron unidad de propósito, visión, estrategia y metas. Ese debe ser el efecto natural de Dios actuando en nuestras vidas y la respuesta a la oración de Jesús: Padre, que ellos sean uno como tú y yo somos uno y a partir de ese momento tenemos una nueva oportunidad.

Los que tenían trasfondo, lenguaje y misión diferentes, pudieron comprenderse y dar inicio a un proyecto inmenso que dura hasta el día de hoy: edificar la Iglesia.

+ En tercer lugar, es necesario APRENDER A HABLAR el lenguaje de la conexión, el idioma que da vida. La palabra es un don del ser humano. Todos los pueblos, por más aislados que se encuentren, hablan un lenguaje. De manera natural un niño empieza a expresar palabras mientras crece. Se le corrige cuando se equivoca en su pronunciación, pero no se enseña las normas para una conversación inteligente.

Esta debería ser materia importante en la educación formal, pues en la vida no todos serán abogados, matemáticos o médicos, pero todos los seres humanos necesitarán comunicarse de manera positiva y con empatía para una vida más feliz y productiva. Al no aprender sobre las técnicas y maneras, seguimos teniendo problemas con nuestras lenguas.

No solo la palabra comunica, siempre estamos enviando un mensaje. Nos expresamos de muchas maneras. Con los ojos, los gestos o las manos se dicen muchas cosas. La posición del cuerpo, la manera de sentarse, la proximidad o la distancia, envían un mensaje en sí mismo.

El simple hecho de tocar a otro o dar un abrazo puede tener más peso que los argumentos lógicos que se presenten para lograr un acercamiento. Incluso el tiempo que damos a una persona expresa cuánto nos importa.

Babel nos recuerda varias cosas:

+ La fragilidad de la unidad del ser humano.

+ Si no comprendemos al otro, no podremos trabajar juntos.

+ La mejor de todas las herramientas es la palabra.

+ El poder del acuerdo y la importancia de la cooperación y el entendimiento mutuo.

+ La verdadera grandeza reside en construir puentes entre las diferencias, encontrando un lenguaje común.

Que las palabras de mi boca y la meditación de mi corazón sean de tu agrado, oh Señor, mi roca y mi redentor.

(Salmos 19:14 NTV)

CUATRO

UN ARTE PERDIDO

"La palabra es mitad de quien la pronuncia,
mitad de quien la escucha".
Michel de Montaigne

El verbo "hablar" es muy sencillo de conjugar y aparentemente muy fácil de practicar. Damos por sentado que todos lo diremos de la manera correcta y parecería que surge de manera natural. Los niños aprenden a hablar en su primer año de vida.

Luego, en la escuela se nos enseña la gramática, la escritura y la conjugación correcta. Los colegios nos enseñan sobre lo que grandes pensadores han hablado. Pero hasta aquí, nadie ha prestado ninguna atención al desarrollo del arte de conversar, del diálogo y la comprensión, lo cual incluye escuchar.

MIENTRAS NO SE APRENDA

A CONJUGAR EL

"NOSOTROS HABLAMOS",

SERÁ IMPOSIBLE CERRAR

EL CÍRCULO DE LA

COMUNICACIÓN.

Los diccionarios definen la palabra "hablar" como la acción de emitir sonidos articulados para expresarse o comunicarse.

Hablar y comunicar no son sinónimos. Emitir sonidos puede ser sencillo, pero ¿comunicarse? Eso es ya otro asunto. La experiencia de Babel no nos dice que ellos perdieron la capacidad de emitir sonidos, pero estos ya no eran comprensibles para los demás.

Eso sigue sucediendo, aunque hablemos un mismo idioma. Somos personas egoístas y aferradas a ideas propias, a quienes no nos gusta escuchar; así no lograremos cerrar el círculo de la comunicación.

La gramática en la escuela es fácil, pero no todos aprenden la conjugación completa:

Yo hablo,

tú hablas,

él habla,

nosotros hablamos,

vosotros habláis,

ellos hablan.

Hay quienes solo lo conjugan en primera persona: "Yo hablo". Otros prefieren esconderse tras una muralla de silencio y les resulta cómodo dejar que: "tú hables".

No faltan quienes ceden su voz y derecho a hablar, permitiendo que "ellos" sean los únicos que hablen.

Pero mientras no se aprenda a conjugar el "nosotros hablamos", será imposible cerrar el círculo de la comunicación.

Quien se estaciona en la conjugación en primera persona: "yo hablo", establecerá un modelo poco saludable: el monólogo. Allí se escucha una sola voz, porque las demás quedan reducidas al silencio o se vuelven invisibles. Pueden ser varias voces hablando, pero no se convierte en un diálogo sin la característica esencial: escuchar. Jesús dice seis veces en los evangelios: *El que tiene oídos para oír, que oiga* (Mateo 11:15).

Dos monólogos no hacen un diálogo, como dice Jeff Daly. El diálogo requiere compartir y colaborar, hablar y escuchar. Tampoco basta que solo "ellos hablen", porque entonces una voz quedará en silencio, la suya.

Cualquiera que sea su motivo, muchos prefieren mantener su voz callada, escondida dentro en la multitud, porque el silencio les promete mayor paz. Hundidos en sus propios pensamientos no logran conectar a través de sus palabras. Si bien están físicamente presentes, una pared invisible los separa de los demás.

Puede ser que no sepa cómo expresar sus ideas o emociones, o siente que no tiene nada importante que decir; quizá la experiencia le ha mostrado que dar su opinión es arriesgado y prefiere caminar sin riesgo por la vida, pero la voz de aquel que no habla se convierte en un eco y su palabra es prisionera en su interior.

Aunque el silencio externo promete paz y estabilidad, hay palabras que retumban en su interior; son aquellas que quieren salir, pero están encerradas. Pujarán desde el interior para salir y se manifestarán de maneras no siempre saludables. Todos necesitamos de la comunicación como una válvula de escape de lo que llevamos dentro.

Conjugar el "nosotros hablamos" de manera saludable traerá alivio al corazón de quienes lo hablan. Siendo la conversación asunto de dos, será preciso estar atentos para no permitir que el silencio interno nos invada.

Y es que, si no hablamos, la otra persona poco a poco también dejará de intentarlo. Como decía alguien con relación al teléfono: si uno llama varias veces sin respuesta, simplemente deja de intentarlo... Y ganará el silencio que es uno de los más grandes destructores de las relaciones. ¿Es el sentimiento de soledad y vacío interno una de las epidemias del día de hoy? Por supuesto que sí. No se desconecte.

¿Es posible percibir al otro en su totalidad sin oír el tono de su voz? ¿Cómo podemos escuchar lo que su corazón expresa, reconociendo sus sentimientos y emociones? El sonido de la voz ayuda a una conexión más personal y profunda, encontrando un espacio común para compartir ideas y sentimientos.

Podemos escribir los mensajes, es cierto, pero la entonación de ese mensaje dará una interpretación diferente a cada persona que lo escucha.

Todos sabemos que las mismas palabras dichas en un tono diferente cambian totalmente el sentido. Si usa un tono agresivo, pueden ser hirientes; el sarcasmo manda un mensaje de burla, pero un tono suave llega a ser una caricia para quien escucha las mismas palabras.

A PESAR DE LA CERCANÍA
QUE TENEMOS, HAY BARRERAS
QUE NO PODEMOS SUPERAR
SI NO CONVERSAMOS.

Nada reemplaza la entonación, por eso es importante escuchar. Los gestos y las expresiones faciales deben confirmar el mensaje hablado.

Al hablar captamos tonos y emociones que pudiéramos perder en las conversaciones digitales, dejando espacio para malentendidos que nos desconectan emocionalmente de los demás. La tecnología puede introducirnos en un mundo paralelo, virtual y ficticio, al que nos conectamos únicamente por medio de plataformas digitales y dispositivos móviles.

Mensajes instantáneos, chats, *likes*, emoticones y *gifts*, correos electrónicos y videos son la norma cuando se trata de interactuar con los demás. No importa donde esté, ya sea en medio del campo o en la más grande capital, cada persona tiene en su mano un celular para una mejor "conexión". Al leer un mensaje de texto somos nosotros quienes le ponemos tono e intención. Eso abre un abanico de interpretaciones de acuerdo con el filtro de quien lo está leyendo.

¿Es real comunicación? Probablemente no estaremos de acuerdo en las respuestas, dependiendo de la generación a la que se le pregunte. Pero los resultados nos muestran que, a pesar de la facilidad de la tecnología, la falta de comunicación sigue siendo el problema número uno en todo tipo de relaciones; y la soledad, uno de los dolores más comunes del alma humana. Parece que a pesar de la cercanía que tenemos, hay barreras que no podemos superar si no conversamos.

Los mensajes se deshumanizan cuando no vemos o escuchamos a nuestro interlocutor, haciendo que de alguna manera "el papel lo aguante todo". Así sea este un muro de

LA GENTE NECESITA SER ESCUCHADA, Y ENCONTRAR UNA PALABRA DE ALIENTO QUE LE LEVANTE EL ÁNIMO.

Facebook, de Threads o de "x". El *bullying* digital puede llegar a matar a una persona por la presión que ejerce un mensaje dañino y repetitivo en la mente de esa persona.

Parte de nuestro compromiso como pareja es tener una cita semanal. El lugar no importa, puede ser una pequeña cafetería o un buen restaurante. Sin embargo, el ambiente es el mismo: mesas llenas de parejas cada una con su celular. No hablan entre sí, casi ni se miran. Comen rápidamente y de nuevo cogen su celular para seguir conectados a la red. Pero la cuestión a resolver es ¿a qué o a quién nos conectamos? ¿Al trabajo, a las noticias, al mundo? Nos conectamos a todos y a nadie, mientras se pierde la capacidad de la comunicación verbal, y la habilidad de transmitir ideas y emociones a través de la palabra hablada a quienes están cerca de nosotros.

La sola observación de lo que sucede alrededor de una mesa cualquiera nos muestra un grupo de personas con un celular en la mano y un mensaje individual. Puede mandarlo a la persona que está sentada dos sillas más allá, o al otro lado del mundo. Parecería muy urgente enviar un rápido mensaje de texto a través de una aplicación de mensajería instantánea, que nos hace preferirlo sobre las conversaciones cara a cara.

Somos dependientes de las pantallas, eligiendo palabras e imágenes creadas en serie para pretender describir la emoción del momento, perdiendo la riqueza de la expresión verbal y el lenguaje corporal.

No somos una máquina de trabajo o eficiencia, somos personas con cuerpo, un alma en la que bullen las emociones, una mente llena de pensamientos, una voluntad que debe

SI LOGRAMOS UN
NOSOTROS HABLAMOS,
HABREMOS CAPTADO
EL SECRETO DE LA
CONJUGACIÓN MÁS
PODEROSA DE TODAS.

elegir entre cientos de opciones cada día, y un espíritu que anhela comunicarse con el Espíritu Divino.

Rescatemos el arte de la conversación cara a cara, aprendiendo a expresarnos plenamente y a escuchar con atención. Ese solo acto nos ayudará a aliviar la gran crisis de salud mental que existe el día de hoy.

¡No hay nada como el sonido de la voz y la palabra hablada! Afine su oído, preste atención, camine más lento, reduzca la prisa, baje el ruido y silencie los sonidos que le impiden escuchar la voz de quienes amamos y nos aman.

La gente necesita ser escuchada, y encontrar una palabra de aliento que le levante el ánimo. Después de observar y ayudar a muchas personas que solicitan guía, hemos llegado a la conclusión de que nada sustituye el poder de la palabra hablada.

Tenga paciencia para regalar su tiempo otorgando a los demás una escucha activa. Es indispensable, porque es la relación con otros la que nos mantiene siendo humanos, conectados con el resto de la humanidad.

Los niños requieren profundizar en el arte de la comunicación verbal, aprender a escuchar activamente e interpretar el lenguaje corporal de los demás. Estas habilidades son irremplazables y les permitirán establecer conexiones más auténticas y significativas a medida que crecen. Pero serán sus padres o cuidadores quienes con el ejemplo deben tomar el tiempo para enseñarles lo que verdaderamente significa el verbo hablar.

La mejor conexión llegará cuando hablemos más inteligente, sabia y compasivamente. Se necesita esfuerzo, dedicación y enfoque para aprender la verdadera conjugación del verbo hablar, ¡pero es necesario!

Si logramos un NOSOTROS HABLAMOS, habremos captado el secreto de la conjugación más poderosa de todas.

Las personas inteligentes están siempre dispuestas a aprender; tienen los oídos abiertos al conocimiento.

(Proverbios 18:15 ntv)

CINCO

LOS GRANDES DESAFÍOS DE LA COMUNICACIÓN: QUÉ, CÓMO, CUÁNDO, DÓNDE, Y A QUIÉN

¡Cuántos mensajes pueden caber en una sola frase! ¡Probablemente la misma cantidad de ángeles que bailan en una cabeza de alfiler!

Entre lo que pienso

Lo que quiero decir

Lo que creo decir

Lo que digo

Lo que tú quieres oír

Lo que crees oír

Lo que oyes

Lo que quieres entender

Lo que crees entender

"Hay 10 posibilidades de que haya problemas en la comunicación, pero al menos intentémoslo".

—Edmond Wells

Solo mirar las posibilidades que se pueden dar en una sencilla frase, asusta. ¿Cómo admirarnos de la confusión en el mundo de hoy?

Hablar es un arte que pretende unificar el mensaje haciendo posible la comprensión mutua. Tenemos que superar los filtros personales, de cultura, edad y género, manteniendo la conversación con belleza y fluidez. Lograr que coincida lo que se dice con lo que se entiende requiere esfuerzo mutuo y disposición de ambas partes, tanto del que habla como del que escucha.

Se dice que "comunicación no es lo que yo digo, sino lo que el otro entiende", así que el desafío es más grande de lo que imaginamos en un inicio.

Como en un baile, con rapidez las palabras llegan a nuestra mente y danzan con movimientos en nuestro interior. Es necesario mantener la calma o expresar la pasión sin perder el dominio.

En este baile de dos también es necesario mantener la sincronía con sensibilidad y belleza. Los pasos pueden ser lentos o rápidos, pero siempre deben ser precisos y hermosos. En ocasiones podemos encontrar personas que escuchan una música diferente, hemos de aprender a comunicarnos con ellos también usando imaginación y creatividad.

El entorno es importante, la percepción de lo que sucede alrededor nuestro nos envuelve. Cada movimiento y gesto, sea del cuerpo o del rostro, puede impregnar de calidez o frialdad a la conversación.

Entonces, no solo el mensaje importa, sino la forma y oportunidad con que se presenta. La mirada, el tono, el olor y la palabra marcarán la conversación. La distancia y la forma, y, por supuesto, el tiempo y el clima influirán en la comunicación.

Quienes hablan necesitan aprender a escuchar la misma música y sentir el mismo ritmo para que puedan balancearse armónicamente. La habilidad natural no basta, es preciso invertir tiempo y energía para manejar las palabras con oportunidad y belleza.

El talento y las emociones son básicas para la comunicación, pero al igual que un pintor, necesita técnica para expresarse, el bailarían conocer los pasos de su baile, y el comunicador debe aprender a dar vida a las palabras. ¡Realmente necesita poder hablar! No basta la intuición, no alcanzan los modelos que hemos visto en el hogar. Es necesario aprender cómo entregar el mensaje de la manera correcta y, superando las diferencias, percibir el mensaje detrás de las palabras, superar las barreras de todo tipo para lograr una verdadera comprensión y conexión.

De seguro no todos seremos pintores o bailarines, así como no todos seremos abogados, maestros o doctores; pero

LA FE SE DESGASTA CUANDO
LAS PALABRAS QUE SE
DICEN NO VAN DE ACUERDO
CON SUS ACCIONES.

todos necesitamos crear mejores ambientes y comunicarnos eficientemente en cada ámbito en el que nos movemos. Para padres y esposos, estudiantes o profesionales en cualquier ámbito de trabajo, la comunicación es la herramienta esencial para su éxito.

Así que hablar es un arte mediante el cual la palabra, el sonido que nuestros labios emiten y el lenguaje no verbal que nuestro cuerpo envía, se mezclan presentando una muestra unida de lo que se desea comunicar.

El mismo mensaje que sale de nuestro corazón será, entonces, enviado por todos los canales, eliminando la brecha entre la palabra hablada y la comunicación no verbal.

Para ello será preciso:

SER INTENCIONAL: No todas las cosas que pienso las debo decir, pero sí debo pensar todas las que digo. Es fundamental ser intencionales en la forma de comunicar sabiendo que no siempre nuestras palabras serán interpretadas de la manera correcta. Será entonces cuando mi lenguaje no verbal expresará el mismo mensaje que mis labios. Sea intencional en lo que dice y cómo lo dice.

SER COHERENTE: ¡Hablar la verdad parece tan sencillo! Sin embargo, con la misma sutileza con la que una mala hierba se introduce en nuestro jardín, la mentira crece en los hogares y se convierte en uno de los grandes enemigos de la unidad. La mentira se ha hecho tan común que ni siquiera nos molesta cuando la decimos.

Hemos sido invadidos por la cultura del cinismo y nos cuesta mucho creer. No esperamos encontrar la verdad en

LA VERDAD ES LA ÚNICA
MANERA DE CREAR CONFIANZA.

ninguna persona. Se ha roto la confianza. Y eso afecta aún la relación en nuestra familia.

Si el mensaje es verdadero tiene muchas más probabilidades de ser coherente. Lamentablemente mentimos con mucha frecuencia a Dios, a los demás, y nos mentimos a nosotros mismos.

Muchos necesitan meditar para encontrar qué promesas han hecho a Dios y a sus familias y las han incumplido; porque no cumplir sus promesas es una forma de mentir.

En el caso de un matrimonio, las palabras del pacto matrimonial son el inicio de una relación que promete cuidado y atención. Ese mensaje debe ir confirmado por acciones. De lo contrario no será coherente.

Quien se mantiene en silencio con su cónyuge, por ejemplo, está dando un mensaje opuesto a su promesa. Si la acción no corresponde a la palabra, el mensaje no es claro. Jesús dijo a sus discípulos: *Si ustedes me aman, guardarán mis mandamientos* (Juan 14:15).

La falta de verdad conduce a la falta de respeto; un esposo que no puede creer en el otro y comprender su mensaje, no podrá edificar el hogar que requiere.

La fe se desgasta cuando las palabras que se dicen no van de acuerdo con sus acciones. En el caso de los hijos, si pierde la confianza de ellos, también se pierde su respeto. Ningún padre puede enseñar a sus hijos la importancia de guardar su palabra, cuando él mismo no lo hace; así ellos ven las inconsistencias en la vida de usted. Quienes castigan a sus hijos por no guardar su palabra, cuando son culpables de lo mismo, solo les enseñan a buscar formas de no ser descubiertos.

Crisis en la verdad implica crisis en la confianza. Los jóvenes de hoy no confían en sus padres, y es que muy pocos son dignos de confianza. "El hombre es esclavo de la palabra que habla y amo de la palabra que calla", dice la sabiduría popular. La verdad es la única manera de crear confianza.

No es fácil encontrar personas íntegras que hablen y vivan lo que predican. Proverbios 20:6-7 dice:

Muchos hombres proclaman cada uno su propia bondad, Pero hombre de verdad, ¿quién lo hallará? Camina en su integridad el justo; Sus hijos son dichosos después de él.

La epidemia de enfermedades relacionadas con el alma está relacionada con la ausencia de hombres íntegros, que aman la verdad y caminan en ella.

La consistencia de sus palabras está basada en la verdad de sus dichos. Medias verdades son mentiras completas. Piense en eso la próxima vez que se vea tentado a mentir o exagerar.

Por lo cual, desechando la mentira, hablad verdad cada uno con su prójimo.   (Efesios 4:25)

CUIDAR LO QUE DICE. No es lo que entra en su cuerpo —dijo Jesús— lo que daña al hombre, sino lo que sale de él (Ver Mateo 15:11). Escoger las palabras con cuidado, dominar su emoción y expresarse con sabiduría de manera intencional es preciso para una buena comunicación.

Recuerda que no basta con decir una cosa correcta en el lugar correcto; es mejor todavía pensar en no decir algo incorrecto en un momento tentador.

—Benjamín Franklin

¿Sus palabras le han metido en problemas alguna vez? Hablar sin pensar es un defecto común de las personas. "Lo dije por decir" o "lo dije sin querer" no son excusas válidas cuando un corazón es herido o una relación se ha roto.

El apóstol Pablo nos recomienda cómo cuidar de lo que hablamos:

Sea vuestra palabra siempre con gracia, sazonada con sal, para que sepáis cómo debéis responder a cada uno.

(Colosenses 4:6)

Revisemos rápidamente lo que nos pide el apóstol:

Que su conversación sea siempre con gracia: Los sabores más dulces al paladar y hermosos al oído son la gracia, la compasión y la bondad.

Decir la verdad es indispensable, pero ha de hacerlo con gracia. No la dispare como un misil. Si lo hace, aunque tuviera razón, habrá iniciado una guerra, y la conexión que buscaba se perderá. En cambio, la calidez de la palabra y la transparencia de una mirada llena de empatía abren la puerta. Pero hay palabras que, como golpes de espada, hieren profundamente.

Por eso es que el sabio nos enseñó que la lengua de los sabios es medicina. Tenemos gran poder para lastimar y

LA CALIDEZ DE
LA PALABRA Y LA
TRANSPARENCIA
DE UNA MIRADA
LLENA DE
EMPATÍA ABREN
LA PUERTA.

herir, pero también para sanar y restaurar, por medio de una palabra llena de gracia, de amor, de verdad.

> *La lengua amable es un árbol de vida; la lengua perversa hace daño al espíritu.*   (Proverbios 15:4 DHH)

Antes de hablar, medite si lo que va a decir servirá para comunicar lo que debe y quiere comunicar, si le conecta con el otro o no.

Conexión, comprensión, empatía, escucha atenta, calidez, son palabras que necesitamos desarrollar con acciones para mejorar la comunicación.

Las palabras amables levantan a quienes nos rodean, y son tan escasas en este mundo que se pueden considerar un tesoro. Manejar una comunicación no violenta, sino cálida, es necesario para crear un mundo de paz.

Recuerde que no importa quién tiene la razón, importa quién hace lo correcto.

Para que sepa cómo responder: ¿Cuántas veces se lo han dicho? No es el qué, es el cómo. Somos un todo, palabra, gesto y espíritu.

(**Aída**) ¿Puede alguien gritar en voz baja? Usted puede pensar que no, pero crecí oyéndole a mi mamá decir que mi papá gritaba de esa manera. Más allá del volumen de sus palabras, el mensaje que ella recibía estaba claro.

No es solo el "Qué responder" importa, es preciso saber "Cómo responder", dice el apóstol Pablo.

Para que se complete el círculo de una comunicación positiva se necesita que demos una respuesta oportuna, atenta y cortés.

No se trata solamente de no hablar malas palabras, también nos advierte que deben ser de edificación para los demás. Es un gran desafío manejar de manera correcta el "cómo responder".

Y es que también el ser humano es el único que puede tener un instante para reflexionar y no reaccionar ante una situación. Responder es una reacción a la palabra del otro, la que en ocasiones no escuchamos completamente. Para que nuestra respuesta sea correcta, es preciso primero haber escuchado más allá de las palabras, escuchar el corazón del otro.

Verdad y amor. Son elementos clave que debemos introducir con intencionalidad en toda conversación, de tal manera que podamos expresarnos con palabras sabias, oportunas y agradables.

¿Tiene un hijo rebelde, un cónyuge difícil? No lo mate con sus palabras, primero háblele a Dios acerca de él o ella por medio de la oración; y luego construya mediante palabras sabias la relación que desea.

> *Busquen la paz con todos, y la santidad, sin la cual nadie verá al Señor. Asegúrense de que nadie deje de alcanzar la gracia de Dios; de que ninguna raíz amarga brote y cause dificultades y corrompa a muchos.*
>
> (Hebreos 12:14-15)

El equilibrio de una conversación sazonada con amor será agradable, y su expresión penetrará más allá de las palabras, mediante el lenguaje no verbal, el tono de voz, la mirada...

Procurar comprender: Procurar primero comprender, es un principio rector que debemos manejar en todas las áreas de la vida, sobre todo en la familia. Sin embargo, lo que sucede en un diálogo es que cuando la otra persona habla, nuestra mente empieza a pensar en la respuesta. Inmediatamente dejamos de escuchar. El narrador interno en nuestra cabeza nos dicta la respuesta antes de haber escuchado y entendido lo que dice la otra persona.

Una vez más el consejo del sabio: *Precipitarse a responder antes de escuchar los hechos es a la vez necio y vergonzoso* (Proverbios 18:13 NTV).

¿Alguna vez fue a un médico a pedir que le den la receta afirmando usted que ya sabe qué tiene y qué necesita? Si es un médico responsable, no le dará la receta hasta que no tenga un diagnóstico. No se puede confiar en la prescripción de alguien a menos que conozca bien lo que le pasa. Este principio es válido para todo. No puede tratar a otros si no entiende su vida, si no conoce sus sueños o su trasfondo. Muchas diferencias nos evitaríamos si tan solo comprendiéramos las diferencias que nos hacen únicos.

No comprender y tener expectativas sin una base real genera una carga muy fuerte en la relación. Ver desde la perspectiva del otro es muy difícil, pero no hacerlo hará que vivir con esa persona sea más difícil aún.

PROCURAR COMPRENDER
REQUIERE CONSIDERACIÓN; SER
COMPRENDIDO EXIGE VALOR.

Procurar comprender requiere consideración; ser comprendido exige valor.

Era su última noche, Jesús sudaba gotas de sangre. Sabía que su hora se acercaba, todo el proceso iba a ser muy doloroso, pero esa noche se añadiría algo: Jesús iba a sentir el cuchillo de la traición clavarse en el fondo de su corazón. Él lo sabe y lo ve llegar con la guardia, lo besa y él responde: *"Amigo, ¿a qué vienes?"* (Mateo 26:50 NVI).

¿Usted hubiera escogido esa palabra para saludar a Judas? De seguro que no. Lo que Judas hizo fue terriblemente injusto. Y él lo siguió llamando amigo. ¿Por qué? Jesús podía ver algo que nosotros no podemos.

Hace tiempo escuchamos la siguiente historia: se dice que en el vagón de un tren iba un señor con dos niños. Entonces entró una mujer a quien le tocó compartir el vagón con ellos. Los niños saltaban, gritaban, se peleaban entre sí y el padre no hacía absolutamente nada. Solo miraba por la ventana absorto y sin preocuparse de lo que sus hijos hacían. Los niños tomaron la cartera de la mujer, jugaban por sobre ella, y el padre no se inmutaba. La mujer estaba indignada. ¡Furiosa!

Por fin uno de los niños golpeó al otro y empezó a sangrarle la nariz. Entonces la mujer no pudo más y le llamó la atención al padre. Este inmediatamente pareció volver en sí. Humildemente pidió perdón a la mujer por el comportamiento de sus hijos. "Es que acabamos de venir del entierro de su madre", explicó. "Ella estuvo enferma por varios meses, y murió el día de ayer".

Inmediatamente la percepción de la mujer cambió. Ya no estaba enojada, ahora sentía compasión por el padre y los niños. Entender sus circunstancias cambió su óptica. Seguía pensando que el padre debía cuidar mejor a sus hijos, pero comprendía que el hombre no era capaz en ese momento de hacer nada mejor.

La simpatía es una forma de acuerdo, la empatía entiende; aunque puede no estar de acuerdo con la otra persona, puede comprender la situación del otro. La pregunta que debe hacerse es ¿qué está pasando en la vida del otro?

En el caso de Judas, por ejemplo, Jesús sabía que había sido seducido por un enemigo poderoso. Él estaba advertido de las artimañas de Satanás. Pocos días antes le dijo a Pedro que Satanás le había pedido sacudirlo como a trigo a él y al resto de los discípulos. Y la respuesta de Jesús fue que había orado por él para que no perdiera la fe. No podemos saber si Jesús sabía desde el principio quién de sus amigos lo iba a denunciar. Es decir, conocía el plan, pero ¿sabía quién lo iba a ejecutar? No lo sabemos, pero aquel día Él sabía cuán difícil era para Judas hacer lo correcto. No justificaba lo que Judas hizo. No minimizaba la acción. Ni liberaba a Judas de su decisión. Pero sí miraba a los ojos a este traidor y trataba de comprender.

Somos rápidos para juzgar por las acciones de los otros. Al mismo tiempo esperamos que a nosotros se nos juzgue por nuestras intenciones y no por hechos ni palabras. Es la tendencia a no vernos a nosotros mismos como somos, sino con un filtro de autojustificación, mientras que observamos a los demás con lupa. Esperamos ser comprendidos, pero nos cuesta mucho comprender. No vemos nuestro propio pecado y falta de amabilidad, y creemos ser más dulces de lo que en realidad somos.

Jesús dijo que hay una viga en nuestro ojo que no permite vernos tal como somos. Así que solo como un pequeño ejercicio, piense: ¿Cuántas veces le han dicho que su forma de responder es poco amable? ¡De seguro que muchas! Es difícil bajar los brazos y no estar a la defensiva cuando alguien nos hace notar lo que va mal con nuestra comunicación no verbal y buscar entender. Puede ser que no sea su intención, pero si el otro percibe algo, necesitamos tratarlo y responder de manera apropiada.

Solo al entender las necesidades y luchas de los demás, podemos tender un puente mediante el cual recibiremos la misma comprensión que estamos dando.

Hay personas introvertidas que piensan que no pueden llegar a ser buenos comunicadores, pero eso no es obstáculo para conectar con los demás. El secreto de resultar interesante es estar interesado.

> El silencio es el sol que madura los frutos del alma. No podemos tener una idea exacta del que jamás se calla. —Maurice Maeterlinck

Haga preguntas que las personas disfruten contestando y anímelas a que hablen acerca de sí mismas. "El camino al corazón —escribió Voltaire— es el oído".

Un buen lugar para comenzar será el uso diario del filtro de Sócrates:

CAMBIE SU MANERA DE HABLAR Y CAMBIARÁ SU MUNDO. LA META ES CONECTAR, EDIFICAR Y NO DESTRUIR.

+ Filtro de la verdad: ¿Estás seguro de que es verdad lo que dices?

+ Filtro de la bondad: ¿Es bondadoso lo que dices?

+ Filtro de la utilidad: ¿Es útil lo que estás hablando?

Si no es verdad, no es bondadoso y no es útil, no vale la pena decirlo.

Apártate del mal y haz el bien; busca la paz y esfuérzate por mantenerla. (Salmos 34:14 NTV)

Y si no tiene nada bueno que decir, ¡No diga nada! Las palabras que se usan para rellenar los silencios suelen ser improvisadas y desacertadas en muchos casos. Pero al igual que los silencios en las notas musicales son los que aportan la belleza, el silencio en medio de una conversación nos da la oportunidad de reflexionar e incorporar la palabra dicha o escuchada. Los silencios dan belleza y profundidad a la conversación, respételos y aprenda a manejar la palabra de una manera adecuada.

Aceptar y apreciar el silencio es necesario. Ser intencionales en lo que queremos decir nos ayudará a escoger mejor nuestras palabras y hablar con prudencia.

El sabio Salomón también ha dicho que en las muchas palabras no falta pecado.

Palabras corrompidas son palabras negativas. Una palabra nunca cae vacía, su capacidad creadora no se ha perdido y dará vida a lo que dice, ya sea bueno o malo.

Cambie su manera de hablar y cambiará su mundo. La meta es conectar, edificar y no destruir.

Nunca empleen un lenguaje sucio; más bien digan palabras que les hagan bien a los que las oyen y los ayuden a madurar.   (Efesios 4:29 NBV)

SEIS

LA PRESENTACIÓN IMPORTA

*Las palabras sabias satisfacen igual que una buena
comida; las palabras acertadas traen satisfacción.*
—Proverbios 18:20 NTV

Cuando estamos cerca de la Navidad, árboles y luces brillan
alrededor. Cada vez son más bonitos los arreglos y los empaques de regalos que nos enseñan las revistas; son perfectos.
Cajas, diseños, texturas, papeles y colores se ofertan para que
el empaque sea una obra de arte. La belleza de las fotografías
de las decoraciones inspira. El empaque es importante.

Dar regalos es uno de los lenguajes del amor, así como
lo son la hospitalidad y el servicio. Al igual que un regalo se
envuelve para que se vea más lindo, una mesa hermosa invita
a compartir.

Un restaurante que presta atención a la necesidad de cada cliente y presenta de manera atractiva su comida, tendrá éxito. No sorprende a nadie que, sentado en la mesa de un restaurante, veamos el plato en la mesa vecina y pidamos lo mismo.

Sabor, calidad, oportunidad e imagen harán la diferencia. No cabe duda de que la cocina es un arte. La comida debe ser rica, oportuna y entregada de la mejor manera. Como la comunicación. Hablar de manera clara, oportuna, con calidad y calidez lo ayudará en su comunicación.

La palabra es el alimento diario de nuestra alma y la herramienta que tiene la capacidad de unir o separar a las personas. Así como al primer bocado determinamos si nos gusta el sabor de lo que comemos, se ha comprobado que, en apenas diez segundos, quien nos escucha sabe —simplemente por nuestro tono de voz— si estamos de buen humor, cansados, enfadados, etc. Un gesto serio y una mirada penetrante transmiten agresividad y suelen preceder a un ataque, pero una sonrisa hace que desaparezca toda la agresividad de la mirada.

> *Su conversación debe ser siempre agradable y de buen gusto,*
> *y deben saber también cómo contestar a cada uno.*
> (Colosenses 4:6 DHH)

Fue la reflexión sobre este versículo lo que dio origen a este libro, y también fue uno de los más grandes desafíos en nuestra vida diaria.

(**Jimmy**) Me encanta cocinar, tanto que en ocasiones sueño en mezclas y sabores, y apenas puedo esperar para probarlos. Textura, sabor, color y aroma pueden marcar la diferencia entre una comida promedio y una extraordinaria. He aprendido que cuando preparo un plato, trabajo, sazono y cocino cada ingrediente de manera particular. Allí está el secreto de la buena cocina. No podemos tratar a cada ingrediente igual porque su textura y cocción es única y los condimentos pueden resaltar su sabor o echarlo a perder.

En nuestra casa tenemos una costumbre para celebrar los cumpleaños. El cumpleañero pide la comida que desea comer ese día. Y nosotros la preparamos. Es todo un proceso buscar la receta, comprar los ingredientes y cocinar el plato que desea. Luego poner una linda mesa y esperar que todos lleguen a casa para que disfruten la comida.

Preparar un plato especial y servirlo de manera atractiva, logrando que puedan comer todos juntos, es un reto. A veces incluso personalizamos el plato para cada uno. ¿Cómo recordarán los nietos nuestra casa?, nos preguntamos a veces. De seguro como un hogar donde siempre se comía muy rico.

La presentación importa, en los regalos, en la comida y en el mensaje. La forma es fundamental para completar el círculo de la comunicación, pero a veces nos detenemos más para escoger el plato de comida en el restaurante que para pensar las palabras que vamos a decir.

Aunque se seleccionen los ingredientes y se cuide la preparación, si no se sirve la comida en el tiempo justo se pasará el término de una carne o se enfriará la sopa. Hay cosas remediables y otras no, por eso es necesario que todos los comensales estén al mismo tiempo. Así nada se enfría ni se daña.

FORMA Y MOMENTO
IMPORTAN. Y NO SURGEN
ESPONTÁNEAMENTE,
IMPLICAN PREVISIÓN,
PREPARACIÓN, ESFUERZO
Y TRABAJO.

Hace unos días fuimos en grupo a un restaurante, trajeron la carta y todos pedimos la comida, empezaron a llegar los platos, pero uno no llegó. Eso causó molestia y generó un ambiente incómodo, no solo para quien no recibió su comida, sino para todos los que estaban en la misma mesa. El salonero dio mil explicaciones, y al final supimos que ese plato fue a otra mesa. Cuando todos habían terminado trajeron el plato faltante. Ya no lo queríamos.

La comida no solo debe ser buena, bien presentada, sino también entregada a tiempo. La oportunidad hace la diferencia.

Forma y momento importan. Y no surgen espontáneamente, implican previsión, preparación, esfuerzo y trabajo. Usted puede tener una idea maravillosa, el plan perfecto o el consejo apropiado, pero si falla el empaque o lo entrega en un momento inoportuno no será agradable o de interés. Todos los elementos son necesarios para que hablemos de manera saludable y efectiva.

El mundo ha cambiado de maneras impredecibles, la forma de comer y la comunicación son muy diferentes. Darse tiempo para preparar una buena comida, por ejemplo, puede ser difícil. Resulta más fácil pedir cualquier cosa para saciar el hambre. La comida rápida y los almuerzos preparados se instalaron poco a poco hasta quedarse.

La comida chatarra inundó el mercado facilitando la vida a una generación, pero las consecuencias llegaron a la generación siguiente. Facilitó la vida de muchas maneras, pero también trajo consecuencias El aumento de la obesidad y de las enfermedades relacionadas con la comida encendió las señales de alarma. Millones de dólares se gastan en enfermedades que pudieran ser previsibles con una mejor alimentación.

La sociedad ha reaccionado. Hace unos años nadie se preocupaba por la nutrición, por ejemplo. Los gobiernos intentan cambiar lo que la sociedad consume. Se restringen en los colegios ciertas comidas y se exige mejor alimentación. Los empaques de los alimentos nos advierten del azúcar, la grasa o la sal en la comida. Tenemos a nuestro alcance miles de guías nutricionales, nutricionistas, entrenadores personales y gimnasios para cambiar el estilo de vida y traer más salud al cuerpo. Somos más conscientes de que lo que comemos afecta no solo nuestra salud, también el rendimiento escolar, el desempeño en los deportes, el sueño, etc. Todo en la vida se ve afectado por la comida.

Eres lo que comes. En lo físico y en lo emocional. El mundo violento en el que vivimos es la cosecha de una alimentación dañina. Si la sociedad se alimenta de chismes y escándalos, grosería y violencia, eso es en lo que se convertirá. Los mensajes chatarra nos están enfermando. Para muestra basta un botón: abra TikTok y verá la comida basura servida por cantidades. ¿Quién la come sin restricción alguna? Los mismos que luego presentan síntomas de problemas de salud mental, ira y violencia.

La comunicación chatarra y los mensajes chatarra nos superan. Parece que es imposible no recibirlos. Y nos dañan tanto o más que los alimentos que consumimos. La comunicación violenta es la norma y eso genera mayor ira y violencia en la sociedad. Ya no decimos "gracias" y "por favor". Falta empatía, cortesía y buen trato. La amabilidad es poco común.

El celular en la mesa es parte de la decoración y si hay un niño con nosotros, probablemente estará viendo un video mientras come. No existe un semáforo que nos indica el daño que nos puede hacer tal o cual app o programa. Todas las opciones de "comida" están al alcance de niños y jóvenes sin restricción.

La epidemia de hoy no son las enfermedades relacionadas con la comida, sino la depresión y la angustia, vinculadas directamente a la soledad y las malas relaciones. Los problemas de salud mental han crecido de una manera desorbitante. Pero aún no hemos visto la respuesta de la sociedad como en el caso de la nutrición. Parece que no somos conscientes de lo necesario que es que aprendamos nuevamente la alimentación emocional correcta, dentro de la cual la comunicación ocupa un lugar fundamental.

Pero la conversación se va perdiendo… en la mesa y en la vida. Conectados permanentemente a un celular, casi olvidamos que somos humanos. No vemos a la persona detrás de una pantalla, su respuesta emocional a lo que decimos se hace invisible, y se escriben cosas que no seríamos capaces de decir a alguien si tan solo lo miráramos a los ojos. Como si estuviéramos hablando con un robot.

¿Puede imaginar a la persona a la que insulta por la red social mientras lee su mensaje? Si pudiera sentir su corazón cuando lo hace, las cosas cambiarían. Hay que sustituir la violencia por el respeto y la amabilidad, que son los que mantienen unido el tejido de la raza humana.

Todos tenemos el deber moral de rechazar conductas ofensivas y groseras, y extender la amabilidad en todo ámbito, porque hace falta.

A medida que la conexión se pierde, la depresión, la ira, la tristeza, los problemas mentales y de salud crecen a un ritmo acelerado. Desconectados y dispersos, al igual que en Babel, el ser humano se pierde en un mundo incierto.

Puede pensar que no hay nada que pueda hacer para cambiar. Y eso es frustrante, pero hay opciones. Si desea cambiar sus hábitos alimenticios y va donde un profesional para que le enseñe, su primer consejo probablemente será pedirle que lleve un diario de lo que come.

Lo segundo que hará es pedirle exámenes para saber cómo está su salud. Esos dos elementos son básicos para hacer un plan de comidas que dé resultado.

Revisar los datos de su salud y saber cómo se alimenta le dará los elementos de juicio para preparar un menú saludable a su medida. Para mejorar la comunicación se debe hacer lo mismo. Observe los pequeños detalles. Vea donde se encuentran usted y su familia en lo que a comunicación se refiere. Y empiece a preparar un menú más saludable para todos.

Puede cambiar el mundo en el que está inmerso, el que le rodea. Puede cambiar su territorio y las relaciones que tiene con este territorio.

Puede cambiarlo mejorando los rituales que le unen a los demás por medio de palabras amables. El hielo no se rompe, se derrite con calidez. Eso es lo que necesitamos hoy para mejorar el mundo. Y como si fuera poco, la amabilidad abre puertas enormes.

Así como ha aprendido a sustituir las comidas dañinas que afectan su salud, reconozca lo que le hace daño y deje de consumir comunicación violenta.

Sentarse a la mesa y provocar un ambiente seguro para la conversación ayudará mucho. Tome un momento cada día sin dispositivos y hable con los suyos, con usted mismo y, por supuesto, con Dios por medio de la oración. Esos momentos diarios pueden hacer la diferencia en su salud emocional.

El espíritu humano puede soportar un cuerpo enfermo, pero ¿quién podrá sobrellevar un espíritu destrozado?
(Proverbios 18:14 NTV)

SIETE

ALGUIEN CON QUIEN HABLAR

En Europa todavía se ven muchos castillos medievales erigirse en la cumbre de una colina, rodeados de murallas y fosas. Sus estructuras son hermosas e imponentes.

La fosa que rodeaba al castillo se atravesaba únicamente por medio de un puente levadizo. Si el enemigo se acercaba, sonaban las trompetas y todos corrían dentro de las murallas, entonces el puente levadizo era levantado. A partir de ese momento sentían seguridad. Era solo cuando bajaban el puente que alguien podía ingresar. Muchos de nosotros tenemos nuestro propio puente, aislando a las demás personas, dándonos un falso sentido de seguridad. Quienes se encierran en el castillo no creen y no quieren necesitar a nadie. No quieren ser heridos.

Pero el puente no solo los protege, también los aísla impidiendo que lleguen los suministros necesarios, los recursos para la vida adentro.

Encerrado en el castillo, el hombre o la mujer piensa "no necesito nada de afuera". Es más, puede estar dispuesto a dar y ayudar al de afuera, pero será difícil dejar que los demás penetren en su mundo, sobre todo emocionalmente.

Lo que sucedía entonces, es que los enemigos sitiaban a las ciudades fortificadas o a los castillos y poco a poco la gente moría dentro. O también, obligada por el hambre, la gente se arriesgaba a salir de manera furtiva hasta encontrar alguien que le diera un plato de comida, que rara vez era gratuito.

Es lo mismo con la vida. No podemos vivir encerrados en nosotros mismos por temor a la conexión con otros. Por supuesto que debemos ser personas sabias en cuanto a quiénes permitimos dentro de nuestras murallas, pero todos necesitamos a alguien con quien bajar la guardia y mostrarnos ciento por ciento vulnerables. Debemos tender el puente a las personas correctas. Su familia, su cónyuge, sus amigos verdaderos, son quienes le ayudarán a reducir el estrés, la falta de energía, la depresión, el miedo y la ansiedad. Aprendamos a ser vulnerables y aceptar la vulnerabilidad del otro, con respeto y gratitud por la confianza otorgada.

Si usted no puede bajar el puente, algo no está bien. La vida no fue planeada para ser un viaje en solitario, sino una aventura de crecimiento en el que juntos se obtenga todo lo que Dios desea entregar. Su mejor futuro está esperando en sus relaciones más profundas. Quienes hacen la vida con usted necesitan ser escuchados, reconocidos y valorados.

El hierro se afila con el hierro, y el hombre en el trato con el hombre. (Proverbios 27:17 NVI)

Tampoco está bien abrirlo a cualquiera. La pregunta es ¿cómo saber a quién bajar el puente levadizo y a quién no? Necesitamos discernimiento y sabiduría.

De seguro hay personas que han estado a su lado lo suficiente como para demostrarle que son de las personas que le quieren bien. Dé gracias a Dios por ellas, y baje su puente levadizo para que ellos entren a su vida y permita que le influyan.

¿Tiene usted algún lugar donde pueda ser cien por ciento sincero y vulnerable? ¿Una persona con la que pueda ser totalmente sincero sobre sus luchas, conflictos, necesidades o debilidades? Desnudar el alma no siempre es fácil, pero es necesario encontrar el lugar seguro y la persona correcta para hacerlo.

No se puede vivir cada minuto del día actuando como si todo estuviese bajo control. No podemos vivir la vida por nuestras propias fuerzas o sabiduría. Necesitamos admitir debilidades y luchas, asumir responsabilidades. En su castillo ¿hay algo guardado? ¿El puente levadizo se halla abierto o cerrado?

Al igual que el hombre o la mujer que obligados por el hambre salían furtivamente en busca de alimento, la persona que se siente aislada se vuelve vulnerable. Buscará satisfacer sus necesidades involucrándose en relaciones superficiales e indebidas. Puede ser un romance con alguien que no es su cónyuge, adicciones como el beber, las drogas o la pornografía. Una falsificación de la verdadera conexión.

El problema es que, así como los analgésicos, no curan la enfermedad y solo alivian el dolor y le hacen sentir mejor temporal y superficialmente. Estas conexiones indebidas aliviarán su alma por un rato. Y luego la culpa llega, acompañada de la vergüenza y la derrota. Y esos no son buenos amigos para usted.

Después de amar a Dios, Jesús dijo que lo más importante son las personas. No es el dinero, no es el poder, no son los estudios, no es el trabajo, no es la diversión. Es la gente. Aunque tengamos todas las cosas que deseamos, necesitamos del otro para disfrutarlas. Ese alguien a nuestro lado, aquel que celebre sus triunfos y llore sus fracasos, el que nos acompaña en los momentos altos y en los más bajos. Es indispensable.

¿De qué sirve alcanzar nuestros sueños si no tendremos con quien compartirlos?

Una relación saludable es aquella en la que las dos personas pueden quitarse las máscaras, sabiendo que la otra tiene los mismos principios y valores. Al escoger con quién hablar, será saludable que las parejas desarrollen el nivel de confianza y complicidad para ser los mejores compañeros para hablar. Para ello es necesario comprometerse el uno con el otro. En los mejores matrimonios, familias y amistades esto, es lo que sucede. Y en las mejores vidas también.

Es mejor ser dos que uno, porque ambos pueden ayudarse mutuamente a lograr el éxito. Si uno cae, el otro puede darle la mano y ayudarle; pero el que cae y está solo, ese sí que está en problemas. Del mismo modo, si dos personas se recuestan juntas, pueden brindarse calor mutuamente; pero ¿cómo hace uno solo para entrar en calor? Alguien que está solo puede ser atacado y vencido, pero si son dos, se ponen de espalda con espalda y vencen; mejor todavía si son tres, porque una cuerda triple no se corta fácilmente.

(Eclesiastés 4:9-12 NTV)

Es mejor dos que uno, porque pueden apoyarse, levantarse, alentarse, ayudarse. Se dice que la aflicción compartida se hace más llevadera, juntos la carga se divide. La unidad puede ayudar a suplir la necesidad económica de todos los miembros de la familia; separados, el dinero se dispersa. El frio del cuerpo y el del alma se aliviará con el calor que otro le brinda. Recibir aliento y afirmación de los demás nos impulsa. Todos tendemos a ser lo que las personas más importantes en su vida esperan que seamos.

Dos pueden resistir un ataque mejor. Los problemas y las grandes tentaciones de la vida son más llevaderos si se afrontan juntos, solos sucumbiremos ante la primera dificultad. Espalda contra espalda podemos luchar y vencer. Es por medio de las relaciones que recibimos fortaleza, apoyo, crecimiento.

Por supuesto que estas no son relaciones casuales, sino de apoyo mutuo. Con personas con quienes en verdad podemos hablar. ¡Tan necesarias y escasas!

No se desconecte. Hay poder en la unidad.

OCHO

TIEMPO Y OPORTUNIDAD

*Hasta el mejor saludo es un insulto grave, si se hace a
gritos y en la madrugada.*
—Proverbios 27:14 (TLA)

El cuándo y el dónde hablamos marcarán el clima de la conversación. La manera en que responde durante las adversida-
des de la vida y lo que habla cuando la tormenta arrecia y
las dificultades aprietan, mostrará de qué está hecho en su
interior, y puede tener consecuencias permanentes. Un mensaje oportuno en el momento y en el lugar correcto reflejará la
fortaleza de su carácter.

La forma como Jesús mantuvo la compostura mientras se
llevaba a cabo el juicio ante Pilato, es sorprendente. En esos
momentos de angustia guardó silencio. No fue impertinente
con Pilato, no era temor ni debilidad, más bien su silencio es

ES INDISPENSABLE
SER PACIENTE Y
ENCONTRAR EL
MOMENTO OPORTUNO Y
EL LUGAR CORRECTO
PARA HABLAR, SIN
DEJARSE LLEVAR
POR LA EMOCIÓN SIN
CONTROL.

la muestra de dominio propio, que evitó que dijera palabras inadecuadas en un momento de emoción tan grande. La traición, la injusta acusación y el maltrato debían haber producido en su interior fuertes emociones. Pero Él se mantuvo en silencio.

Esa es una gran lección. Es preciso escoger el momento apropiado para decir algo. *¡Qué grato es hallar la respuesta apropiada, y aún más cuando es oportuna!* (Proverbios 15:23 DHH)

Es indispensable ser paciente y encontrar el momento oportuno y el lugar correcto para hablar, sin dejarse llevar por la emoción sin control. Si usted se encuentra en medio de una tormenta en su vida, es preciso que esté más atento a sus palabras. Recuerde que *la muerte y la vida están en poder de la lengua; y el que la ama comerá de sus frutos* (Proverbios 18:21).

Tener un mensaje claro es saber qué decir. Cómo presentarlo es la manera en que lo dice. Pero el Cuándo y el Dónde determinarán si esa conversación es recibida con el corazón abierto o si la puerta se cierra aún antes de comenzar.

Prudencia, sabiduría, paciencia, sensibilidad y dominio propio son indispensables para encontrar el momento oportuno y respetar los tiempos de cada persona. Son elementos básicos para que hablemos de la manera más positiva. Estas características pueden transformar su manera de conectar con quienes le rodean. En otras palabras, usted crea un ambiente con sus palabras que influirá en la forma como su mensaje es recibido.

Al igual que cada uno tiene un umbral de dolor físico, cada persona es más o menos sensible a ciertos temas. Preguntas personales o temas sensibles pueden no ser bien recibidos. Buscar el tema de interés común y entregarlo en el momento adecuado marcará la diferencia.

Es un mandato aprovechar bien el tiempo y una muestra de respeto a las personas con las que hablamos. Por eso es necesario evitar dos extremos: el ser muy brusco en la forma de decir las cosas o ser demasiado confuso. Es preciso balancear la verdad con el amor, como lo hizo Jesús. Ser claros en lo que sentimos, pero expresarlo de manera amable.

Hablar con indirectas no ayuda, así como no lo hace pensar una cosa y decir otra. No complique demasiado la comunicación, trate de simplificar de tal manera que la comunicación sea clara. Jesús nunca cayó en el juego de sus enemigos, manejaba su tiempo y su actitud.

Uno de los problemas graves en la comunicación es la escalada. Uno grita, y el otro grita más, las cosas suben de tono, entonces se dicen cosas que hieren y no edifican. Ese es el momento de bajar el tono de la conversación, no de subirlo, porque, entonces, ninguno entenderá.

La blanda respuesta quita la ira; Mas la palabra áspera hace subir el furor. (Proverbios 15:1)

Eso no quiere decir que no se deba confrontar cuando es preciso, pero resulta vital que seamos sensibles en cada situación. La paciencia nos ayudará a detenernos y esperar el momento justo.

El necio muestra en seguida su enojo, pero el prudente
pasa por alto el insulto.   (Proverbios 12:16 NVI)

El otro lado de la moneda es reconocer cuando la procrastinación está impidiendo que tengamos una conversación necesaria. No la evite o retrase más allá de los límites, es necesario reconocer el momento oportuno.

¿En qué momento debo disciplinar a mi hijo adolescente y cuándo debo darle un abrazo? Se preguntan los padres conscientes de que esa simple decisión puede marcar el futuro de su relación. Se necesita sabiduría para descubrir el tiempo exacto en que su joven —conectado casi siempre a un dispositivo, y al que le cuesta decir una palabra— está dispuesto a hablar y reconocer el momento que debe hacer una pausa.

La mesa es un lugar maravilloso para compartir y profundizar la amistad. Una buena mesa, acompañada de una conversación agradable, es una de las mejores recetas para conectar con familia y los amigos. Jesús nos dio ejemplo sobre comunicación y conexión al reunirse constantemente alrededor de una mesa.

La hora del día, la cantidad de personas y el tiempo que otorgamos a la conversación son importantes también. Hay momentos de celebrar, reír y festejar. Una reunión grande es para eso, pero no se puede hablar de cosas íntimas en medio de una multitud. Una reunión pública tiene un clima diferente que la privada. La privacidad determinará la profundidad de la conversación, mientras que en una reunión más grande la conversación será más superflua.

La formalidad o la calidez marcarán también el ambiente. No es lo mismo una reunión formal en la que se tratan temas de trabajo que una reunión junto al fuego de un hogar.

Preparar el ambiente es importante, muestra que valoramos a la otra persona, pues hemos invertido tiempo esfuerzo y recursos en ella. Siendo la moneda de hoy el tiempo, mostraremos interés en quienes amamos cuando más invertimos en ellos. No olvide que amor se deletrea T-I-E-M-P-O, y comunicación también.

Si la mesa es el lugar ideal para conversar de cualquier tema, el dormitorio no lo es. Ese es un espacio para el descanso y el amor. No lo use para discusiones y mucho menos antes de dormir.

No discuta en la noche. Es a esta hora donde los problemas crecen y salen los monstruos del armario. No es el momento apropiado para tener una conversación que genera ansiedad. Esta es más bien la hora justa para iniciar una conversación de perdón, reconciliación y paz que le ayudará a dormir mejor y recargar energía.

De seguro por eso la Biblia nos manda a que no se ponga el sol sobre nuestro enojo. Esta es la hora en la que debemos enfocarnos en los logros del día y ser agradecidos.

La mañana, en cambio, puede ser el momento apropiado para iniciar una conversación llena de ánimo y motivación.

Aprenda a escoger sus batallas, ya que no todas son dignas de ser peleadas, pero también el momento adecuado para iniciarla. La sabiduría nos dirá cuándo se debe pelear por algo y cuándo es necesario que ceda su posición.

Podemos elegir iniciar una batalla, pero no las consecuencias de esa elección. *Comenzar una pelea es como abrir las compuertas de una represa, así que detente antes de que estalle la disputa.* (Proverbios 17:14 NTV)

La pregunta clave para eso es ¿qué importancia tiene verdaderamente esta situación? ¿Habrá valido la pena esta pelea en un mes, en un año, en diez años? ¿A la luz de la eternidad?

Cuando se habla de una batalla, sobra decir que esta debe ser enfrentada con argumentos, no con gritos, y mucho menos con violencia física ni de ninguna otra clase. El propósito de la comunicación es conectar, no violentar, dividir, ni humillar. Quien tiene que gritar o amenazar para ser escuchado, está mostrando una falencia en su razonamiento. Baje la voz y suba el nivel de la discusión, y verá cómo mejora su comunicación.

La vida es de altibajos, valles y montañas. Así que no se sorprenda cuando llegue un tema difícil. Aprenda cómo enfrentarlo. Y la mejor manera es hablando sobre lo que molesta, separa o duele.

La conversación difícil llegará, pero será importante comprender por qué es difícil. Ser buen observador nos ayudará mucho para comprender a la otra persona y percibir detalles importantes, esto nos dejará saber cuándo es el momento de hablar de "ese" tema que nos cuesta.

Para terminar este capítulo, veamos rápidamente cuándo no decir algo:

1. Cuando usted se encuentra enojado o muy sensible.

2. Cuando no tiene el entendimiento completo de la situación.

3. Cuando hay terceras personas que no son parte del tema de conversación.

4. Cuando la otra persona pide que usted no lo diga.

5. Cuando la otra persona está ocupada o emocional- mente perturbada.

6. Cuando una persona está enferma o en un mal momento.

Señor, ponme en la boca un centinela; un guardia a la puerta de mis labios. (Salmos 141:3 NVI)

NUEVE

¿DE DÓNDE SALIÓ ESO? POR QUÉ DIGO LO QUE DIGO

De toda cosa guardada guarda tu corazón, porque de él mana la vida, dijo el sabio. (Ver Proverbios 4:23)

Manejar una buena comunicación es más profundo y complicado que aprender normas de cortesía. Es más que un maquillaje superficial. Implica todo nuestro ser. Más allá de las palabras y el tono de voz, podemos sentir una percepción especial sobre la motivación en la conversación.

En ocasiones disfrazamos nuestra motivación incorrecta, decimos estar atentos al otro por amor, pero en realidad la intención es control. Entonces, no se trata únicamente de lo

CASI TODOS LOS
PROBLEMAS Y LAS
TENSIONES EMOCIONALES
PROVIENEN DE
CONFLICTOS SIN
RESOLVER.

que se dice. Para que el mensaje sea edificante, deben coincidir palabras y gestos con una motivación auténtica.

En la semilla que se siembra está el producto que nace. La semilla de nuestras palabras se encuentra en nuestro corazón. Lucas 6:43-45 nos dice:

No es buen árbol el que da malos frutos, ni árbol malo el que da buen fruto. Porque cada árbol se conoce por su fruto; pues no se cosechan higos de los espinos, ni de las zarzas se vendimian uvas. El hombre bueno, del buen tesoro de su corazón saca lo bueno; y el hombre malo, del mal tesoro de su corazón saca lo malo; porque de la abundancia del corazón habla la boca.

La fuente de las palabras es el corazón, por eso podemos reconocer el estado de salud interna al escuchar las palabras que la boca pronuncia.

Si nuestro corazón es bueno, daremos fruto bueno; pero si nuestro corazón está contaminado, dará mal fruto, y nuestras palabras también estarán contaminadas.

Resolver las heridas internas, el rencor, los prejuicios, los dolores del alma, es fundamental para vivir una vida en paz. Si no tenemos eso resuelto, el efecto en nuestra comunicación será doble: primero se evidenciarán por las palabras amargas, violentas o sarcásticas que decimos. Es muy difícil cambiar nuestra forma de hablar si no hemos resuelto en nuestro corazón el problema que nos lleva a hablar de esa forma.

El corazón es engañoso, no siempre podemos reconocer cómo está. Hay que ver los frutos que da. Así como la fiebre nos dice que hay una infección en el cuerpo, las palabras son una muestra de la salud o enfermedad de su corazón.

Los pensamientos que usted permite darán a luz ideas negativas a través de sus palabras, y sus acciones harán lo mismo. Por eso debemos tener muchísimo cuidado con lo que pensamos. Quizás pueda maquillar su forma de hablar un poco, substituyendo frases más corteses por las groserías y las vulgaridades, pero tarde o temprano saldrá lo que está en el corazón. Agua dulce y agua salada no pueden salir del mismo pozo, dice la Biblia. (Ver Santiago 3:12)

Esto significa algo muy importante: la única manera de cambiar nuestra conversación, es cambiando el corazón.

Quizá hablamos de una forma áspera porque así nos hablaron nuestros padres, y nuestro corazón se quedó endurecido. Si tiende a decir mentiras, busque el porqué. ¿Cree que Dios es incapaz de sostenerle, y que tiene que mentir para que las cosas vayan mejor? ¿Cree que la gente no le va a querer si le llegan a conocer en realidad? Puede ser que la mentira surja del temor.

También necesitamos un corazón sano para aprender a escuchar correctamente. El corazón es el filtro por el cual se percibe lo que los demás digan. No entiende las cosas como son dichas, sino de acuerdo con el filtro de su alma. Por eso el mensaje no llega como se envía.

Casi todos los problemas y las tensiones emocionales provienen de conflictos sin resolver. Surgen del deseo de tener el control, autoridad o dominio, más que del tema en sí mismo.

No permita a la amargura echar raíces, porque entonces ya no se trata de un asunto solo entre el ofensor y el ofendido. Lo peligroso de la amargura, de las calumnias, de la ira, de la malicia y de todas esas cosas que Pablo nos anima a desechar, es que esas actitudes nos corroen como el ácido, corroen nuestras relaciones, hasta nuestra alma. A la larga muchos otros serán afectados: la pareja, los hijos...Lograr la sanidad interna solo es posible gracias al perdón. Perdonar es el elemento indispensable para que la familia subsista.

La amargura es una de las cosas que más energía nos roba, convivir con personas que tienen este veneno en su corazón puede ser muy difícil, por lo que poco a poco se van quedando solas. El resentimiento aumenta, el conflicto se incrementa, y finalmente, se instala la desesperanza. Entonces hay solo dos opciones, o vivir con amargura, enojo y dolor en el corazón, o perdonar, cerrando el ciclo.

Mirad bien, no sea que alguno deje de alcanzar la gracia de Dios; que, brotando alguna raíz de amargura, os estorbe, y por ella muchos sean contaminados.

(Hebreos 12:15)

Fíjese que dice que muchos pueden ser contaminados por mi amargura. Llevar la cuenta de todas las cosas malas que nos han hecho, hace que nos convirtamos en acusadores.

Puede ser que en un momento quienes hablen son nuestras emociones, tales como la ira, tristeza o la alegría, la desilusión o la expectativa.

HAY SOLO DOS OPCIONES,
O VIVIR CON AMARGURA,
ENOJO Y DOLOR EN EL
CORAZÓN, O PERDONAR,
CERRANDO EL CICLO.

O, quién sabe, hablamos o escuchamos desde los traumas del pasado y cobramos facturas del pasado a nuestro cónyuge en el presente. De hecho, las palabras se vuelven feroces cuando las empuja la ira.

Reconocer desde donde hablamos y cómo escuchamos es urgente, porque a medida que la conversación sucede, el narrador interno filtra lo que escuchamos y deja pasar sin filtro lo que decimos. Podemos cambiar nuestras palabras al reconocer si hablan nuestras heridas, el temor, el resentimiento, la desconfianza o los celos.

Para eso necesitamos conocernos internamente. En nuestro interior hay zonas públicas y privadas, conocidas y desconocidas, que influyen en la forma en la que hablamos y respondemos. El área pública, la que todos ven, es solo la punta del iceberg de lo que es en realidad.

Detrás de la fachada está lo que sabemos de nosotros mismos, pero lo ocultamos a los demás. Es quien es usted cuando nadie le mira; lo que piensa y siente más allá de las normas de cortesía. Allí probablemente se encuentran las profundas desilusiones que nunca ha resuelto, los sueños escondidos que no ha expresado con palabras y los pecados secretos. Esa es la persona que tememos mostrar a los otros.

Pero también hay una zona que los otros ven y nosotros no. Y es que todos tenemos 180 grados de visión y 180 grados de ceguera. Aquí es donde se necesita personas que nos ayuden a ver el potencial, pero también que tengan el valor y el amor para ayudarnos a reconocer y enfrentar lo que necesitamos cambiar. Es preciso entregar a alguien el alfiler santo para que nos pinche el orgullo y nos ayude a reconocer esos puntos ciegos que no los podremos ver sin ayuda.

Hay una cuarta zona. Y es la desconocida. Son las cosas que no las saben ni los demás ni usted mismo. Su verdadera identidad está formada por cosas que son invisibles para todos, menos para Aquel que lo ve todo.

Y es de esta zona de donde salen muchas de nuestras palabras. Ellas son las que revelan lo que está en el lado oculto del corazón. Muestran más de lo que pudiéramos imaginar. Podemos tratar de disimular, fingir, esconder quiénes somos; ocultarnos como Adán, tras hojas de higuera; usar máscaras de todo tipo. Pero la verdadera esencia de quienes somos aparece cuando las palabras fluyen de nuestra boca.

Reconocernos a nosotros mismos a través de las palabras nos ayudará a comprender los sentimientos, reconocer los defectos y presentarlos delante de Dios.

Resolver lo que está oculto, tratar con las heridas que no se ven y pedir a Dios que purifique nuestro corazón, es básico para que la palabra de nuestra boca traiga sanidad, libertad y edificación, y no dolor ni tristeza.

> *¿Quién está consciente de sus propios errores? ¡Perdóname aquellos de los que no estoy consciente!*
>
> (Salmos 19:12 NVI)

DIEZ

¡ESCÚCHAME, POR FAVOR!

La comunicación efectiva comienza con la escucha.
Robert Gately

Jesús se comunicaba con la gente, mostrando su interés con todo su cuerpo. En cada encuentro con una persona se enfocaba en ella. Tocó al leproso que nadie tocaba. Y se agachó para quedar a la altura de la mujer sorprendida en adulterio.

Escuchaba a todos de una manera muy atenta validando a su interlocutor, haciendo preguntas a los enfermos, a los oficiales romanos, a los ciegos, a los rabinos, a las prostitutas, a los pescadores, a los políticos, a las madres, a los religiosos y a los abogados. Nadie pasó desapercibido para Él, por tanto, no invalidó a nadie. Los escuchaba y los miraba en verdad. Y su mirada expresaba sus sentimientos.

ESCUCHAR ES MÁS QUE OÍR. OÍMOS CON LOS OÍDOS, ESCUCHAMOS CON EL CORAZÓN.

Cuando el joven rico se acercó, la Biblia dice claramente que *"Jesús, mirándole, le amó"* (Marcos 10:21). Jesús no solo oyó a este hombre, lo escuchó y le mostró su amor.

Cuando sus ojos se encontraron con los de Pedro, la noche en que lo había negado, le envió un mensaje de perdón.

A pesar de eso, Él no fue escuchado de verdad, sino en muy pocas ocasiones. Muy rara vez fue comprendido a profundidad.

En Betania sí. Cada vez que iba a Betania se hospedaba con Lázaro y sus hermanas, Marta y María. Mientras la primera preparaba todo en la casa, la segunda eligió sentarse a sus pies, escuchando con profunda atención lo que Jesús decía, sin barreras.

Al pasar tiempo con Él, pudo entender más profundamente el plan de Jesús. Por eso María supo que Jesús moriría; y aún pudo despedirse de Él con un último acto de amor. Parecería que fue la única persona que comprendió lo que Jesús decía cuando hablaba de su muerte, por eso lo ungió apenas seis días antes de la Pascua para su sepultura (Ver Juan 12:3).

Escuchar es más que oír. Oímos con los oídos, escuchamos con el corazón. María dejó el activismo y se sentó a los pies de Jesús. Y esa es una de las cosas más difíciles de hacer. ¿Cuántas veces usted deja de hacer lo que está haciendo para escuchar a los que ama? María pudo sentir el palpitar del corazón de Jesús más allá de sus palabras.

Marta, que siempre estaba apurada, no tenía tiempo para escuchar a Jesús. Ella pensaba que las cosas que hacía eran lo más importante, entonces, si ella se sentaba, ¿quién cocinaría? Permanecía afanada, preocupada, en actividad, en movimiento.

Conocemos madres así, padres así, esposos así, hijos e hijas, amigos y amigas así, que no paran jamás sus actividades, siempre cansados, siempre estresados, con muy poco tiempo para oír a los que aman. Y no estamos señalando a los de fuera, porque podemos verlos con solo mirarnos al espejo.

Un día Marta estalló: *¿No te importa que mi hermana me deje hacer todo a mi sola?* (Lucas 10:40 RVC) Marta se quejó y atacó. Jesús no cayó en el juego de escalada.

Esa fue la última vez que se registra una visita a la casa de Lázaro, así podríamos pensar que de seguro fue una de las últimas veces que las hermanas verían a Jesús. Él murió tan joven que no tuvieron mucho tiempo de amistad. A lo máximo tres años.

María pudo, en cierto sentido, despedirse de Jesús y confortar el corazón de su amigo. Fue su hermana en tiempos de angustia.

En todo tiempo ama el amigo, y es un hermano en tiempo de angustia.   (Proverbios 17:17)

¿Y Marta? ¿Tuvo tiempo de despedirse? ¿Le dijo a Jesús que lo amaba? ¿Qué fue lo último que ella hizo? Juan dice que "Marta servía", pero no entendió lo que Jesús dijo, no supo que no lo vería más...

¿Era necesario arreglar la casa y hacer la comida? Sí, pero más importante que tener una casa brillante es pasar tiempo con aquellos que amamos y escucharlos cuando lo necesitan.

María comprendió el plan de Jesús porque lo escuchó. Escuchar produce intimidad, y la intimidad nos muestra el corazón de la persona con quien intimamos. Escuche a aquellos que ama. Présteles su atención completa y verá cómo sus relaciones mejoran.

Ser escuchado es una necesidad universal, todos pedimos que se nos escuche, pero nos cuesta prestar atención a quien nos habla. Tal vez esa es una de las razones por las cuales nos resulta tan difícil mantener las buenas relaciones con los que nos rodean, y es que estamos tan enfocados en nosotros mismos y en nuestras necesidades, que no tenemos tiempo para escuchar las necesidades de los otros.

La regla de oro dice que debemos hacer a los demás lo que queremos para nosotros. Así que, si quiere ser escuchado, ¡escuche! Ensaye comprender... y después ser comprendido. Eso no es fácil de lograr, aunque oigamos sus voces constantemente.

En realidad, cuando oímos lo hacemos por niveles:

1. Podemos no escuchar en absoluto, ignorar lo que otro dice. Hace un par de semanas estábamos en el centro comercial y junto a nosotros había una mesa con tres adultos (papá, mamá, abuela) y un niño. Los padres estaban decidiendo qué comprarían, y el niño quería también dar sus ideas, pero ellos hablaban entre sí y apenas si escuchaban lo que el niño decía.

ESCUCHE A AQUELLOS QUE AMA. PRÉSTELES SU ATENCIÓN COMPLETA Y VERÁ CÓMO SUS RELACIONES MEJORAN.

Lo ignoraron completamente. Y eso le manda un mensaje poderoso al niño: "no eres importante, tus sentimientos, palabras, ideas y emociones no importan". Luego, cuando los niños crecen y se hacen jóvenes, queremos que nos hablen y nos tengan confianza, pero lamentablemente la enseñanza está dada: si usted no le prestó atención cuando pequeño, será difícil que él lo escuche cuando crezca. Por eso escuche a sus hijos cuando hablen, por favor. Si es necesario, deje por un minuto de ver la televisión o de leer las noticias y ESCUCHE. Esa sencilla acción podrá ahorrarle muchos dolores en la adolescencia.

Caso aparte es el análisis de cómo la tecnología interfiere con la escucha. Conectadas a sus audífonos personales, las personas viven en su propio mundo desconectados totalmente de los demás. Ya no solo no escuchan lo que el otro dice, ni siquiera oyen sus palabras.

Pueden estar reunidos un grupo de amigos en un solo cuarto, pero si cada una de ellos escucha una canción diferente, no pueden moverse en el mismo ritmo. La brecha se hace cada vez más grande e infranqueable, y requiere un gran esfuerzo para luchar contracorriente y establecer un tiempo para compartir juntos actividades que nos conecten con aquellos con los que vivimos la vida.

2. Fingir que escuchamos: si bien oímos las palabras, nuestros pensamientos y corazón están en otra parte. Dejamos la cara puesta en la conversación, pero sin estar presentes realmente. Nuestros oídos oyen sonidos, pero nuestro corazón no escucha. Para escuchar sin barreras necesitamos enfoque. Aunque se diga que podemos hacer varias cosas a la

EL HIELO NO SE ROMPE A GOLPES, SE DERRITE CON CALIDEZ. Y NO HAY NADA MÁS CÁLIDO QUE UN CORAZÓN QUE ESCUCHA.

vez, la verdad es que no es cierto. Por lo menos, no con toda la atención debida. Si tenemos el celular en la mano y contestamos mensajes, estamos oyendo, pero no escuchando. Y aunque podamos repetir lo que se nos ha dicho, un mensaje fue enviado por nuestra parte: no eres tan importante.

3. Oír de manera selectiva es la tercera cosa que impide que escuchemos de verdad. Seleccionamos solo ciertas partes de la conversación, lo que nos interesa o lo que queremos oír, y dejamos fuera todo el mensaje. Esto es muy común en las peleas conyugales: uno de los dos dice algo, y nos aferramos a ese dicho sin escuchar todo lo demás.

4. El último nivel de la escucha es muy escaso, pues muy rara vez brindamos una <u>escucha atenta</u>, centrando toda nuestra energía en las palabras que se pronuncian, tratando de prestar atención y comprender sin barreras lo que el otro dice, escuchando más allá de las palabras.

Y eso no es común, la mayoría de las veces pretendemos que el otro nos entienda, pero no estamos dispuestos a prestar atención a sus motivos y razones. Mientras el otro habla, nuestra cabeza está pensando en la respuesta que va a dar.

He visto que la mayoría de los padres dicen cosas como estas: "No comprendo a mi hijo, no me escucha en absoluto". La pregunta que debemos formularnos es esta: ¿no comprende a su hijo porque él no quiere escucharlo o no lo comprende porque usted no lo quiere escuchar?

No se pierde la intimidad cuando se deja de hablar el uno con el otro, sino cuando se deja de escuchar el uno al otro.   —Bishop Dale Bronner

¿Necesita conectarse con alguien especial? Escuchar es el lugar indicado para empezar. Es hora de ser creativo, esforzar y establecer momentos y lugares en los que la conversación fluya de manera más dinámica.

En lugar de simplemente decirle a un adolescente dónde está fallando, siéntese con él o con ella, escúchelo mientras le explica cómo realmente son sus días, qué tipo de retos está enfrentando en la escuela y en su círculo social, qué tipo de desafíos tiene. Probablemente no hablará en el momento en que el padre o la madre lo planifiquen, sino cuando sienta la necesidad. Lo mejor que pueden los padres hacer en este caso es estar disponibles cuando ellos quieran hablar. "Disponibilidad" es la palabra clave en este caso. Entonces la relación cambiará.

Un cónyuge que verdaderamente escucha el dolor y las quejas de su pareja y se percata de los efectos que su comportamiento está teniendo en la relación, no responde a la defensiva, devaluando o ignorando el dolor del otro. Más bien, al escuchar sus razones, lo entiende, genera empatía y fortalece la relación.

El hielo no se rompe a golpes, se derrite con calidez. Y no hay nada más cálido que un corazón que escucha.

ONCE

EL NARRADOR INTERNO

Tu mirada se aclarará solo cuando puedas ver dentro
de tu corazón.
Aquel que mira hacia afuera, sueña; aquel que mira
hacia adentro, despierta.
Carl Jung

Escuchar lo que se oye fuera importa, pero nada importa tanto como la conversación que sucede en nuestro interior.

Todos escuchamos una vocecita en nuestra mente que nos habla permanentemente. Es el narrador interno que nos habla al oído. No escuchamos el sonido de su voz, por lo que no siempre discernimos quién está hablando. Puede ser la voz del Espíritu Santo que nos alerta de algunas cosas, puede ser nuestra propia conciencia moral formada por la crianza, los valores y el estilo de vida que hemos aceptado, o nuestra propia voz. Discernir la voz que escuchamos y reconocer de dónde proviene es esencial para la comprensión de nuestra propia historia personal.

La conversación interna forja de muchas maneras nuestra vida. Nos ayuda a interpretar el mundo que nos rodea y relacionarnos con los demás. Nos permite reflexionar, tomar decisiones y procesar nuestras emociones.

Con demasiada frecuencia cometemos el error de tomar actitudes negativas y de quejarnos de nosotros y de los demás: "Yo sabía que mi matrimonio no saldría adelante", "no saldré de deudas nunca".

¡Qué ejemplo maravilloso nos da Jesús cuando afirma su identidad, expresando en alta voz quién es Él y su propósito en la vida! Antes de siquiera comenzar su misión, ya la declaró en voz alta para sí mismo y para los que le escuchaban.

Al inicio de su vida pública fue a la sinagoga, y tomando las Escrituras encontró el lugar donde estaba escrito acerca de Él y comenzó a leer. *"El espíritu del Señor está sobre mí, porque me ha ungido para predicar las buenas nuevas a los pobres. Me ha enviado a sanar a los quebrantados de corazón, a predicar libertad a los cautivos, a dar vista a los ciegos, a predicar el año agradable de Señor".* (Lucas 4:18-20) Y luego cerró el libro y les dijo: "hoy esta escritura se ha cumplido, yo soy todo lo que se dice que soy, y estoy aquí para hacer todo lo que Dios dijo que haría. Esta escritura es para mí, y está hablando acerca de mí". (Lucas 4:21, paráfrasis de la autora)

Jesús encontró lo que las Escrituras decían de Él. Su mensaje y propósito estaba claro. Él guio la conversación interna en su mente por medio de las Escrituras que leyó.

Recuerde que la fe viene por el oír la palabra de Dios, y a quien más escucha usted, es a usted mismo. Las palabras que nos repetimos alimentan nuestro subconsciente y pueden llegar a convertirse en profecías autocumplidas. Por eso es tan importante ser objetivos en la conversación interna, evitar la autocrítica y reconocer nuestra identidad y propósito. Aprender a controlar nuestras palabras es indispensable para corregir el rumbo de nuestra vida. Usted debe ser intencional en la forma de hablarse a usted mismo y a los demás.

Juan el Bautista, lo supo desde el inicio. Había hallado su propósito al inicio de su ministerio. Cuando le preguntaron si él era el Cristo o un profeta, Él respondió con una declaración clara de su propósito. (Ver Juan 1:19:22)

Su respuesta no estaba basada en lo que sentía o en lo que observaba. *Juan dijo: «Yo soy la voz que clama en el desierto: "Enderecen el camino del Señor", como dijo el profeta Isaías* (Juan 1:23 RVC). La pregunta es ¿sabe usted quién es? Y una vez que lo sabe, ¿lo expresa con su boca? No permita que el narrador interno equivocado sea quien ponga las palabras que alimentan su alma. Usted necesita buscar qué dice la Biblia y ponerse de acuerdo con Dios para que sus propósitos en su vida se cumplan.

En los momentos difíciles no se enrede en murmuraciones, disputas y quejas. Hable palabras de fe y esperanza.

Recuerde que, si quiere cambiar su mundo, es necesario que cambie sus palabras.

Para enfrentar al gigante, un joven David no solo usó su habilidad en el manejo de la honda. Utilizó las palabras de su boca como un arma de guerra.

Goliat lo vio tan pequeño y joven que se burló de David: *"¿Acaso soy un perro para que vengas contra mí con un palo?".* David terminó diciendo: *"—Tú vienes contra mí con espada, lanza y jabalina, pero yo vengo contra ti en nombre del Señor de los Ejércitos Celestiales, el Dios de los ejércitos de Israel, a quien tú has desafiado.* (1 Samuel 17:43-45 nvi).

Él se miró como un vencedor. Su respuesta no fue de temor o de queja. Ni siquiera meditó en el hecho de que Goliat era tres veces más grande que él. No se declaró inferior por el hecho de ser solo un pastor de ovejas, ni se enfocó en la magnitud del obstáculo que tenía ante él, sino que decidió declarar su victoria gracias a su confianza en Dios.

¡Sus palabras llenas de fe cambiaron las reglas de juego que había establecido Goliat! Al decirlas en voz alta, directamente al hombre parado frente a él, cambió el ambiente que se vivía en ese campamento de guerra.

Gracias a su declaración, con su fe como arma y la ayuda de Dios, David ¡hizo exactamente lo que había dicho! No negó la realidad de sus problemas, pero sabía quién era y la capacidad que tenía.

Reconozca la voz del narrador interno de su vida. Si tiene el hábito de hablar palabras de fracaso, su vida irá hacia allá. Si frecuentemente su conversación contiene frases como: "No puedo, no tengo, no hay cómo...", no tendrá, no podrá, no lo logrará... Esas palabras negativas determinarán su destino.

Hablamos pobreza y nos quejamos porque no tenemos riquezas. Confesamos la enfermedad y nos preguntamos por qué no tenemos salud. Declaramos que somos derrotados y luego lloramos porque no alcanzamos la victoria. Confesamos la debilidad y sufrimos porque nos falta fortaleza.

Es como los algoritmos de la publicidad de internet, que le muestran lo que usted está buscando y refuerzan sus creencias a través de sugerir páginas o personas que coincidan con su pensamiento.

Es necesario que cambie la voz del narrador interno y deje de hablar palabras de autodestrucción; mírese a través del espejo de la palabra y póngase de acuerdo con Dios, sobre esa palabra. No pretenda hablar palabras de derrota y fracaso y esperar vivir en victoria. Segará precisamente lo que ha sembrado. Al hablar palabras positivas, caminaremos hacia la luz; por el contrario, las palabras negativas nos llevarán por un camino oscuro. Los pensamientos negativos darán a la luz acciones negativas.

Por eso es tan importante cuidar los pensamientos, pues se traducen en palabras, ya que de la abundancia del corazón habla la boca. Declare sus promesas cada mañana al desayunar, en las tardes cuando está comiendo, en la noche antes de dormir, reflexionando continuamente en las bondades de Dios, y su vida cambiará.

Al decir algo con suficiente frecuencia, entusiasmo y pasión, su mente subconsciente lo acepta como verdad,

TENGA LA CERTEZA
DE QUE SUS PALABRAS
PRODUCIRÁN MILAGROS.

haciendo lo necesario para lograr que esas palabras y pensamientos se cumplan. Si habla fortaleza, esta vendrá, declare victoria y la victoria llegará. Hable palabras de salud y no de enfermedad.

Debemos decirlo con nuestra boca para crear el mundo que nos rodea por las palabras que hablamos. Y tenga la certeza de que sus palabras producirán milagros.

Enfóquese en las promesas de Dios, apréndalas, repítalas.

Y ahora, amados hermanos, una cosa más para terminar. Concéntrense en todo lo que es verdadero, todo lo honorable, todo lo justo, todo lo puro, todo lo bello y todo lo admirable. Piensen en cosas excelentes y dignas de alabanza. (Filipenses 4:8 NTV)

Un día un hombre le dijo a Jesús: *creo; ayuda mi incredulidad* (Marcos 9:24). Aquí va mi consejo para que su fe sea aumentada y crezca…

Establezca un patrón en su mente, un círculo virtuoso que le ayudará a crecer: primero crea, luego declare las promesas de Dios sobre su vida. Cada vez que repita esas promesas, su fe crecerá más, y más cosas podrá recibir de Dios. Las palabras crean palabras, así que mientras más palabras de fe hable, más palabras de fe producirá.

¿Cuántas cosas cambiarían si usted tuviera un guardia que no le permitiera abrir sus labios de manera negativa? Deje de maldecir la oscuridad y prenda la luz con su palabras.

Una última palabra sobre esto: entendemos que hay gente que va a los extremos sobre el tema de los decretos y declaraciones, y dicen "basta con pedirlo para recibirlo", o niegan la realidad de su vida. Sin embargo, no se trata de eso, Jesús dijo que le hablemos a la montaña, no que neguemos que está allí; pero también Él dijo que tendremos lo que decimos. Y Pablo dice *creí, por tanto, hablé* (2 Corintios 4:13 NTV). Si lo cree, hable palabras de fe. Si quiere algo, comience a decirlo.

No importa que los otros no comprendan esta verdad completamente o la usen mal, eso no significa que deje de ser verdad. Tal vez aún la revelación no ha completado el círculo en su vida. Aprenda a dirigir los pensamientos que el narrador interno planta en su cabeza y sostenga su confesión hablando la palabra de Dios para que su fe siga creciendo. Puede resultar muy extraño para algunas personas, pero producirá milagros en su vida.

Señor, ponme en la boca un centinela; un guardia a la puerta de mis labios.   (Salmos 141:3 NVI)

DOCE

UNA VIDA SIN CONFLICTOS

Bienaventurados los humildes....

Antes de hablar, escuche. Antes de escribir, piense.
Antes de invertir, investigue. Antes de criticar, ore.
Antes de rendirse, intente nuevamente.
—Bishop Dale C. Bronner

¡No hay nada más bello ni más agradable que ver a los hermanos vivir juntos y en armonía! Es tan agradable ver esto como oler el buen perfume de los sacerdotes, perfume que corre de la cabeza a los pies. Es tan agradable como la lluvia del norte que cae en el monte Hermón y

corre a Jerusalén, en el sur. A quienes viven así, Dios los bendice con una larga vida. (Salmos 133 TLA)

Fuimos creados para vivir en amor, con relaciones armoniosas, libres de contienda, confusión y dolor. Y aunque este es el deseo de Dios, no es la forma común en la que vivimos.

Al contrario, nuestras vidas están llenas de conflictos que nos hieren y perturban las relaciones con los demás; y la mayoría de las veces el conflicto inicia por una pequeña palabra que sale de nuestra boca.

El conflicto puede iniciar como una pequeña chispa, pero al final:

+ Acaba con nuestros matrimonios.

+ Amarga a nuestros hijos.

+ Molesta a nuestros amigos o compañeros de trabajo.

+ Divide nuestras iglesias.

+ Quiebra nuestra salud.

+ Roba nuestra paz y tranquilidad emocional.

Las palabras correctas dichas en el momento inapropiado *pueden* iniciar un incendio. Las palabras equivocadas, ciertamente lo iniciarán en cualquier momento. Es la lengua la que enciende una pequeña chispa que incendia el bosque entero, sobre todo cuando lo que emite son palabras de juicio, crítica, chisme y murmuración. Y cuanto más combustible echemos al fuego, más intenso será. La única manera de detener el incendio es quitar el combustible.

Hay muchas maneras en las que la lengua nos mete en problemas, pero ella indica dos cosas: lo que está en nuestro corazón y lo que el narrador interno ha sembrado en nuestra mente.

Las palabras revelan varias cosas que nos meten en problemas:

+ Orgullo: Corazones arrogantes se transforman en palabras que dividen. Muchos de nuestros problemas de relaciones se deben al orgullo. La soberbia nos hace pelear para tener razón; llena nuestra mente con autoengaños.

¿Por qué nos desesperamos por tener razón? ¿Por qué nos resulta tan difícil estar equivocados? ¿Por qué es tan importante para nosotros "ganar" cada discusión? Porque el orgullo está en juego.

El orgullo anhela desesperadamente verse bien, parecer inteligente, ser admirado incluso por uno mismo; tanto que nos engaña, como nos dice Abdías 1:3: "La soberbia de tu corazón te ha engañado".

Si alguien nos insulta o hiere nuestros sentimientos, suele ser el orgullo quien responde. Pero será más sabio ignorar el insulto y dejar que Dios trate con esa persona, que originar un conflicto que no sabemos a dónde nos llevará.

En lugar de defender con orgullo su razón, aprenda a decir: "Creo que tengo razón, pero puedo equivocarme". Es realmente sorprendente ver cuántas discusiones se evitan utilizando ese simple acto de humildad. La cultura de hoy tal vez no aprecie una de las virtudes más grandes del carácter: la mansedumbre o humildad. El énfasis que se da a la autopromoción, a la competitividad, al deseo de ser siempre el primero, hace parecer al carácter amable como débil. Sin embargo, la mansedumbre no es de débiles, es fuerza bajo control.

Cuando vemos síntomas de conflicto es necesario enfrentarlo antes de que se ahonde. Resistir el conflicto y abrazar la paz en todas las relaciones implica esfuerzo, pero vale la pena.

> *El necio muestra en seguida su enojo, pero el prudente pasa por alto el insulto.* (Proverbios 12:16 NVI)

En oración, e intencionalmente, es necesario poner el orgullo, el resentimiento, la amargura, los celos o el odio a un lado para cortar el conflicto de raíz.

> *La lengua apacible es árbol de vida.* (Proverbios 15:4)

• Falta de sabiduría. No aprender a callar a tiempo es otra manera de generar un conflicto que se puede evitar con tan solo dejar de hablar.

> *Con sus palabras, los necios se meten continuamente en pleitos; van en busca de una paliza. La boca de los necios es su ruina; quedan atrapados por sus labios.*
> (Proverbios 18:6 NTV)

¡Pero es difícil mantener el silencio! Tener la última palabra se vuelve una necesidad. Hasta un necio pasa por sabio cuando se calla, dice Salomón.

El orgullo exige tener la razón y la insensatez se niega a guardar silencio. Aprender a cerrar la boca en medio de un desacuerdo, es necesario. Dé un paso atrás y confíe en que Dios tomará el control de la situación. De esta manera evitará avivar el fuego de los conflictos por medio de sus palabras.

El necio da rienda suelta a su enojo, pero los sabios calladamente lo controlan.   (Proverbios 29:11 NTV)

+ Creer que somos dueños de la verdad. ¿Alguna vez ha estado seguro de que tenía la razón acerca de algo? Su mente parecía tener un depósito de hechos y detalles para probar que usted estaba en lo cierto, pero terminó equivocándose. ¿Qué hizo? ¿Admitió su error o siguió insistiendo y tratando de encontrar una manera de defender su postura? La soberbia puede engañarnos. Y la insensatez se niega a aprender de los demás.

Si tan solo pudiéramos admitir la necesidad del aprendizaje continuo y dejáramos de pretender que nuestra opinión es la verdad absoluta, llegaríamos por fin a un sitio sin conflictos en el que el amor y la verdad se den cita y la paz y la justicia se besen (Ver Salmos 85:10).

Los necios creen que su propio camino es el correcto, pero los sabios prestan atención a otros.
(Proverbios 12:15 NTV)

Las opiniones son como las narices, cada uno tiene una diferente en su cara y una opinión diferente en su mente. No

APRENDER A
CERRAR LA BOCA
EN MEDIO DE UN
DESACUERDO, ES
NECESARIO.

siempre estaremos de acuerdo con los demás, y no siempre tenemos que estarlo.

Si no llega a un acuerdo, no se preocupe. Respire, haga una pausa y entréguele a Dios su derecho a tener razón. Resulta vital que seamos sensibles al Espíritu Santo en cada situación. Así sabremos cuándo hablar y cuándo callar.

+ No ser objetivos. Resulta irónico cuando consideramos que muchos de los conflictos en los que nos enredamos con nuestra boca, son por cosas que en realidad no importan. Piense en las últimas discusiones que ha tenido y de seguro puede darse cuenta de que la mayoría de las discusiones surgen de preocupaciones insignificantes. Ser objetivo nos ayuda a dar a cada situación su verdadero valor.

El apóstol Pablo nos advierte sobre tales conversaciones en 2 Timoteo 2:23-24:

Pero desecha las cuestiones necias e insensatas, sabiendo que engendran contiendas. Porque el siervo del Señor no debe ser contencioso, sino amable para con todos, apto para enseñar, sufrido.

Fíjese en la palabra "insensatas" en el versículo 23. Se refiere a cosas que no tienen mayor importancia y que no establecen una mayor diferencia en relación con cosas que sí son realmente importantes.

Creo que lo que el versículo nos está diciendo en realidad es: "aléjense de las conversaciones en las que nadie sabe de qué se está hablando, y en las que todos discuten por cualquier cosa".

Aprecie las cosas por su verdadero valor y no se enrede en discusiones que no tienen importancia.

Es honra para el hombre eludir las contiendas, pero cualquier necio se enredará en ellas. (Proverbios 20:3 LBLA)

+ Brusquedad y aspereza. Hemos hablado mucho del cómo responder y sabemos que puede ser el detonante de un conflicto el cómo respondemos. Ser amables no debe ser una opción en nuestra manera de hablar, sino una necesidad. ¿Quiere evitar conflictos? Sea más amable. La respuesta amable calma el enojo, pero la agresiva echa leña al fuego. (Proverbios 15:1, paráfrasis de la autora). La respuesta amable trae paz en medio de la agitación, y la lengua apacible tiene poder sanador.

Estos son solo unos ejemplos sobre cómo la forma de hablar genera conflictos. Podemos extendernos con muchos consejos de lo que debemos hacer o evitar para no tener conflictos con nuestros labios, pero creemos que se resume en la necesidad de escuchar a doña Sabiduría cada día. Nos guiará y transformará nuestra vida si se lo permitimos. Ella llama por las plazas y en las calles busca a los insensatos, pero muy pocos son los que la escuchan, y menos los que ponen en práctica sus palabras.

La Sabiduría hace oír su voz en las calles; clama en la plaza pública. La Sabiduría clama a los que están reunidos frente a la entrada de la ciudad y a las multitudes por la calle principal: «Simplones, ¿hasta cuándo insistirán en su ignorancia? Burlones, ¿hasta cuándo disfrutarán de sus burlas? Necios, ¿hasta cuándo odiarán el saber? Vengan y escuchen mi consejo. Les abriré mi corazón y los haré sabios». Los llamé muy a menudo, pero no quisieron venir; les tendí la mano, pero no me hicieron caso. No prestaron atención a mi consejo y rechazaron la corrección que les ofrecí. ¡Por eso me reiré cuando tengan problemas! Me burlaré de ustedes cuando les llegue la desgracia, cuando la calamidad caiga sobre ustedes como una tormenta, cuando el desastre los envuelva como un ciclón, y la angustia y la aflicción los abrumen.

(Proverbios 1:20-27 NTV)

Quizá no pueda andar en paz con cada persona que conoce, pero inténtelo. La Palabra dice: *Si es posible, y en cuanto dependa de ustedes, vivan en paz con todos* (Romanos 12:18).

¿Cuál es, entonces, la respuesta correcta nos sentimos ofendidos? Pablo tiene esto para decir con respecto a los conflictos: Pues toda la ley puede resumirse en un solo mandato: «*Ama a tu prójimo como a ti mismo*», pero si están siempre mordiéndose y devorándose unos a otros, ¡tengan cuidado! Corren peligro de destruirse unos a otros

¿Le gustaría que alguien lo juzgara severamente, sin misericordia, que dijera chismes sobre usted y que propagara los conflictos que han tenido? ¡Por supuesto que no! La Biblia establece claramente que debemos perdonar a quienes nos ofenden, rápida, frecuente y libremente.

Cuando alguien lo ofenda, resista el conflicto respondiendo con misericordia y entendimiento. Otorgue a esa persona el beneficio de la duda. Recuerde que el amor siempre espera lo mejor (Ver 1 Corintios 13:7).

Sea cuidadoso con respecto a los conflictos. Si los dejamos permanecer, se diseminarán. Y si se extienden, usted y toda la familia serán arruinados por ellos.

El otro lado de la moneda es dejar de hablar cuando deberíamos hacerlo. El silencio tampoco es la respuesta apropiada, por eso, a pesar de que hay momentos y situaciones en las que preferiríamos no hablar, es necesario hacerlo. Esas son las conversaciones difíciles que a nadie le gusta tener, pero que no se pueden evitar.

Cuando sea el momento, elija sus palabras con sumo cuidado, es indispensable; de manera que pueda hablar con sabiduría y no desde sus emociones. Sea prudentemente consciente del impacto que pueden tener los tonos de voz y el lenguaje corporal. Reconozca que cuando las palabras equivocadas encienden la llama, las expresiones correctas pueden apagarla.

TRECE

CONVERSACIONES DIFÍCILES

Todas las desgracias de los hombres provienen
de no hablar claro.
Albert Camus

Del escuchar procede la sabiduría,
y del hablar el arrepentimiento.
Proverbio italiano

La fuerza de cualquier relación está determinada por su habilidad de resistir los conflictos. La fuerza de una nación, de una iglesia o de la familia depende del carácter de sus miembros para resistir las presiones que quieren separarlos. La relación se hace más valiosa a través de la habilidad de poder sobrevivir ante circunstancias difíciles. El amor y la amistad

LA MADUREZ PERSONAL

O MATRIMONIAL,

ES MUCHAS VECES

FRUTO DE UNA CRISIS

SUPERADA.

desde cualquier ángulo son un trabajo duro. Encontrar un verdadero amigo es difícil, y mantenerlo a través de los años aún más, pero es el manejo de las diferencias, la resistencia a las presiones, el acoplarse mutuamente lo que hace esa amistad aún más valiosa.

. Los desacuerdos pueden ser útiles porque nos ayudan a mirarnos cuidadosamente y descubrir los motivos internos. Si sabemos manejar una conversación difícil podremos salir fortalecidos de las diferencias. Las crisis son un llamado a crecer, en definitiva: son oportunidades para ser mejores. La madurez personal o matrimonial, es muchas veces fruto de una crisis superada. Una verdadera amistad que sobrevive problemas y se afirma a través de ellos es un verdadero tesoro. Por eso es importante aprender a manejar los temas difíciles para mantener la unidad pesar de las diferencias.

Es necesario tomar el riesgo para hablar de temas difíciles porque no podemos vivir huyendo o escondidos. De hecho, cuando lo hacemos sentimos una molestia interna al comprender que no hemos podido resolver una situación que nos mina por dentro. Si no lo resolvemos, el vacío que deja esa conversación no mantenida, pronto se llenará de veneno, de suposiciones y sospechas que harán más profunda la distancia. Así que la conversación difícil es inevitable. Pero evitables son los errores que cometemos en la forma de abordar la conversación.

Saber cómo manejar las conversaciones difíciles es indispensable para superar las diferencias y conflictos internos y externos, la evasión o la negación no los resolverán. Todos podemos pensar en un tema del que no nos gusta hablar, que no queremos mencionar, o alguna persona con la que no quisiéramos hablar. Evitamos las conversaciones difíciles retardándolas lo más que podemos. Pero eso no puede ser para siempre, así que cuanto antes las pueda enfrentar será mejor.

Empecemos reconociendo por qué consideramos difícil esa conversación, puesto que no existe una conversación difícil en sí misma, sino conversaciones que nos resultan difíciles a cada uno de nosotros. Las causas suelen ser varias, pero en general evitamos conversaciones que generan intranquilidad y nos hacen temer las consecuencias de lo que hablamos. Detrás suelen haber historias que hunden sus raíces en el alma, o que tienen que ver con nuestros miedos más profundos.

Pueden ser historias que nos atrapan, que nos hacen esclavos de ellas y que limitan las opciones que deseamos tener; o simplemente son temas dolorosos, que nos hacen daño. Sin embargo, puede ser que nos haga más daño no hablar de lo que quema en el alma, que enfrentar esa difícil conversación.

Hay cosas que nunca sucederán si no hablamos. Así que lo mejor que puede hacer es arriesgarse a iniciar esa conversación con la persona adecuada, en el momento adecuado y con las habilidades necesarias.

Empiece por determinar por qué esa conversación es difícil. Puede haber varias causas para ello:

- Por la razón de la conversación.

- Por las personas con las cuales debemos hablar.

- Por el tema.

Y son difíciles porque ponen en riesgo tres necesidades básicas:

+ El bienestar personal.

+ El ser aceptado.

+ Ampliar las posibilidades de acción personales.

En el fondo son difíciles porque nos dan miedo. Entonces, nos cuesta abordar ciertos temas, no queremos hablar de ellos o con algunas personas, porque tememos perder algo si seguimos adelante.

Ejemplos hay muchos: para algunas personas es difícil expresar una queja o un desacuerdo, o poner límites. Temen perder si lo hacen. También es difícil hablar de algo si la otra persona nos pone límites al considerar que no es de nuestra incumbencia.

Esos miedos pueden ser variados:

+ Miedo a perder el control y hacer o decir algo de lo que luego podría arrepentirse.

+ Miedo a perder privilegios.

+ Miedo a la reacción emocional de la otra persona, que llore, que grite...

+ Miedo a generar dolor en la otra persona.

+ Miedo a lo que pueda pensar de mí, a que me considere una mala persona.

+ Miedo a que tome represalias.

* Miedo a hacer el ridículo, a no saber manejarme en la conversación.

* Miedo a que la otra persona me rechace, a que rompa la relación conmigo o la haga más fría y distante.

* Miedo a no saber cómo responder.

* Miedo a que la relación se rompa.

Confesar nuestras faltas y hablar de algo que nos avergüenza también evita que tengamos "la conversación". En ocasiones la vergüenza tiene tanto poder sobre nosotros que impide que hablemos. Preferimos perder la relación que hablar sobre un tema que nos avergüenza.

La vergüenza y el temor son emociones fuertes que impiden la libertad de la comunicación. Fueron las dos primeras emociones negativas que sintieron Adán y Eva en el huerto. Y su reacción fue esconderse. Es decir, no querían hablar con Dios sobre ese tema.

En resumen: Se nos hace difícil hablar con personas que son muy emocionales. No queremos el drama y nos callamos. Es difícil mantener el dominio propio cuando el otro lo pierde. Por eso Salomón dice que es más difícil dominarse a sí mismo que conquistar una ciudad, pero es necesario.

Hay conversaciones que son más difíciles que otras, sobre todo cuando hay heridas o miedos profundos, sobre todo miedo al rechazo. El hecho es que, aunque la conversación sea difícil, es necesario que la enfrentemos, no podemos huir de ella para siempre, o escondernos.

Callamos cuando sabemos que tendremos un conflicto si damos nuestra opinión, porque sabemos que la otra persona tiene un criterio opuesto al nuestro. Así que la salida más fácil es evadir. Eso hace que evitemos hablar porque sabemos que habrá un conflicto. Y, como hemos dicho, no todas las batallas deben ser peleadas, pero es saludable llegar a acuerdos, porque lo que no se habla no se resuelve. Llegar a acuerdos es necesario, aunque el acuerdo al que lleguemos es que está bien no estar de acuerdo.

Pero tampoco es sabio precipitarnos. La pregunta clave es ¿qué sería lo peor que podría ocurrir si no tengo esa conversación?

Es preciso encontrar el momento adecuado para hablar, y para ello debemos estar emocional y mentalmente preparados. Y si no lo estamos es mejor esperar un poco. No se trata de atrasarla indefinidamente, sino de buscar un tiempo oportuno para prepararnos de manera correcta. La preparación no tiene que ver con buscar argumentos y armas de ataque que nos den una aparente ventaja, sino de tomar un tiempo para calmar nuestra mente y corazón para mantener una conversación saludable.

Hay temas más álgidos que otros, por supuesto, y cada persona puede añadir a su lista algunos. Pero en general es difícil abordar los siguientes temas:

+ Los problemas o pecados sexuales. Los placeres en la intimidad suelen ser secretos bien guardados. Y es que ante las situaciones de índole sexual la gente no piensa, solo reacciona. Mas la única manera de salir de eso es hablando.

+ Dinero. Es obvio que este es un tema muy complicado. Muchas relaciones terminan por asuntos de dinero. Es muy difícil para la gran mayoría de parejas. En ocasiones no saben ni cuánto gana el otro, ni cuánto gasta. Es difícil para los hermanos y los amigos.

+ Conversaciones de trabajo o con personas que mantienen rangos jerárquicos son difíciles. No es fácil una amonestación laboral ni un despido del trabajo, para ninguna de las partes involucradas.

+ Emociones es un tema complicado el día de hoy. No siempre expresamos la angustia o la depresión con palabras. Entonces nos debatimos entre la necesidad de abordar o no el tema, hasta que puede ser muy tarde y las emociones se desbordan abrumando totalmente a quien no puede hablar de ello.

+ Familia es un tema difícil, sobre todo la familia política. La sensibilidad puede estar a flor de piel en este tema.

+ Credos y religiones son cosas muy profundas e importantes, no es fácil hablar de ello con personas que piensan diferente.

+ Hablar de política puede ser difícil también.

En ocasiones enfrentamos conversaciones que no las consideramos difíciles al inicio, pero se convierten en una conversación difícil cuando la estamos teniendo. Es como destapar una caja de Pandora. Por ello es preciso estar atentos y ser sensibles para comprender cuando una conversación se está tornando difícil. Usted puede ver que la otra persona se mantiene en silencio, por ejemplo, o sobrerreacciona: sube la voz o grita cuando la conversación no tiene esa tonalidad. A veces se ven síntomas físicos, como sudoración, o tartamudeo.

No todas las relaciones se pueden salvar. Y es triste cuando eso sucede. Pero que no sea porque usted no hizo lo posible para defenderla.

La Biblia relata una historia sobre una amistad que nació bien, pero se rompió, dando lugar a uno de los pleitos más largos que relatan sus páginas. Las razones las podemos ver con facilidad con solo una lectura rápida al leer la historia y determinar por qué se llegó a ciertos extremos.

Estamos hablando de Saúl y David. Ambos tenían características formidables. Saúl era un hombre de estatura imponente, a quien Dios había escogido y bendecido. Había sido transformado por una poderosa visitación del Espíritu, caminó entre los profetas y gozaba de un apoyo absoluto por parte de su pueblo.

David también era de aspecto hermoso; también había sido escogido por el Señor y, asimismo, fue lleno del Espíritu Santo. Su popularidad creció con los años, así como también sus proezas de valentía y demostraciones de lealtad hacia el rey.

Ambos eran fuertes e inteligentes, ambos amaban a Dios y eran amados por la gente. Pero su relación se volvió tóxica y llena de amargura y dolor. ¿Cómo llegaron allá? Pensamos que no tuvieron "la conversación" que debían tener apenas los conflictos iniciaron.

El primer contacto de David con Saúl fue excelente. Saúl ya padecía de ataques de profunda melancolía. Probablemente llevaba un buen tiempo en el trono. Y cuando se sentía atormentado, llamaba a David para que tocara su arpa.

La combinación de la música con el espíritu suave de David lo ayudaban. Y eso hizo que Saúl quisiera mucho a David. Tanto que lo puso como su paje de armas y mandó a decir al papá de David que le permitiera quedarse porque le era muy útil.

En ese entonces David servía a Saúl y él no lo veía de ninguna manera como un rival. Luego las cosas cambiaron. No sabemos cómo ni por qué, pero la siguiente escena que la Biblia relata, es totalmente diferente a la anterior.

Se trata de una guerra. Los filisteos, enemigos de Israel, venían acompañados por un gigante. Durante cuarenta días, Goliat había desafiado a los israelitas, pidiendo que le enviaran alguien que le hiciera frente en un combate mano a mano. Saúl no era ningún cobarde, pero no se atrevió a responder al desafío.

El rey se sentía impotente, entonces aparece nuevamente David, con un solo objetivo en mente: borrar la vergüenza de Israel y matar a Goliat. ¡Y lo logra!

Inicialmente Saúl lo recompensa poniendo a David sobre sus hombres de guerra, entregándole su hija en matrimonio y dándole mucha responsabilidad en los asuntos oficiales.

Mientras regresaban del campo de batalla, la gente salió a vitorear al nuevo héroe de Israel. Y desde aquel día, Saúl empezó a mirar a David con recelo, se llenó de ira. Esa decisión fue nefasta.

Todo lo que sigue en la vida de Saúl, se desprendió de su primera decisión fatal: considerar a David como un enemigo en lugar de un amigo.

Saúl perdió la capacidad de controlar sus emociones, pero no hizo lo que debía haber hecho desde un principio. ¿Qué hubiera pasado si Saúl hablaba directa y francamente con David? Probablemente hubiera conocido el sentir del corazón de su amigo, hubiera sabido que David no tenía intención de usurpar el trono, sino de seguir el proceso de Dios. Todo hubiera sido más fácil.

Saúl estaba obsesionado con David. Y cuando una persona está obsesionada con otra, quiere involucrar a los que están a su de alrededor en su pleito personal. Comienza a clasificar a las personas en dos bandos: los que le apoyan y los que están en contra.

De la misma manera, la vida de los que estaban cerca de Saúl fue afectada por su obsesión personal. Por eso el apóstol dice que una raíz de amargura en el corazón contamina a todos los que están alrededor.

Hemos visto muchas veces amistades que se rompen cuando uno progresa, pues es allí donde somos confrontados con lo que está en el corazón. Es en ese momento en el cual se despierta un monstruo que llevamos dentro: <u>se llama envidia, temor, rivalidad, celos.</u>

No pudiendo esconder más su odio, Saúl le dijo abiertamente a Jonatán, su hijo, y a sus demás siervos, que le dieran muerte a David. Cuando Jonatán se niega a matar a David, la relación de padre e hijo también se rompe. El espíritu de división es como un balde que se ha volcado.

Por más que busquemos rápidamente enderezarlo, el agua que estaba dentro se ha derramado y no puede ser juntada. Nadie sale ileso de una división. Así como los hijos de padres que se divorcian son las primeras víctimas de un problema ajeno a ellos, toda división arrastra a los inocentes al conflicto y deja heridas profundas en ellos. Cuanto más prolongado es el pleito, más profundo e irreparable es el daño.

El final fue triste para Saúl, pero las cosas no tenían que ser así. Cuando el enojo y los conflictos no son tratados de la forma correcta, pueden causar enormes daños en nuestra vida y en nuestras relaciones. La Biblia dice: *"Los que traen problemas a su familia heredan el viento. El necio será sirviente del sabio"* (Proverbios 11:29 NTV).

La historia pudo haber sido muy diferente si en lugar de mirar a David como su enemigo, Saúl lo hubiera tratado como un amigo y hubiera tenido la conversación difícil, su vida y su muerte podían haber sido completamente diferentes. Pero su ira lo destruyó y causó heridas en las personas. El enojo oculto envenenó sus relaciones y le hizo difícil llevarse bien con los demás.

Se dice que hay una manera infalible de deshacerse de los enemigos: hacerlos sus amigos. Pero se precisa que alguien dé el primer paso para lograrlo, y creemos que el más inteligente lo hará. No importa quién sea la persona con la que la relación está resquebrajada, empiece a invertir en ella con un propósito: mostrarle el amor de Dios a través suyo.

No permita que una situación se le vaya de las manos, aprenda cómo manejar una conversación difícil y transforme un desafío en una oportunidad.

Si necesita ayuda para tratar el tema, pida a alguien que le ayude como árbitro, pero no se dé por vencido sin intentarlo.

Una palabra de advertencia: en ocasiones no es posible mantener la relación y es tiempo de soltar. Si usted hizo lo posible y no hay un acuerdo, no cargue con esa culpa. Usted no puede tomar decisiones por otro, el acuerdo es cuestión de dos. Si la otra persona no quiere mantener con usted una relación más cercana, por cualquier razón que sea, está en su derecho, pero usted lo habrá intentado, y eso dará paz a su corazón.

EVITE ERRORES. La meta de hablar es conectar, por lo que debemos poner todo de nuestra parte para lograrlo. Evitar errores puede ayudarnos a manejar mejor las relaciones. Saber qué decir y practicar decirlo, puede cambiar su vida completamente.

"La diferencia entre la palabra adecuada y la casi correcta, es la misma que entre rayo y luciérnaga", dijo Mark Twain.

Así que veamos rápidamente varios errores comunes que debemos evitar:

+ **Intentar imponer su punto de vista.** Tratar de convencer al otro o discutir sobre quién tiene la razón no ayuda a crear intimidad, ni destruye las paredes entre dos personas, solo las fortalece. Puede llevarle a enfrascarse en una discusión sin sentido. En cambio, respetar percepciones y puntos de vista diferentes es señal de madurez. Cuando uno gana, los dos pierden.

+ **Dar órdenes o parecer autoritario.** Muchas veces creemos que se nos ha ocurrido una sugerencia excelente o que podemos ofrecer nuestra valiosa experiencia. Y cuando eso sucede, la tendencia humana habitual es decirlo a la otra persona. Pero es mejor morderse la lengua y pedir permiso para dar su sugerencia. Al hacerlo entrega al otro el control de la situación. Al ofrecernos a añadir algo a lo que ha dicho el otro, estamos validando sus emociones. Enfocarse más en entender que en ganar, es lo que promoverá el amor y la conexión en esa relación.

+ **Culpar.** Se dice que esta es una de las causales más comunes de la ruptura en las parejas. La meta de hablar es resolver, no determinar quién fue el culpable. Eso nos lleva al pasado y no ayuda al futuro. No resuelve saber quién fue culpable. Culpar o culparse hará que quienes deben comunicarse se pongan a la defensiva, levanten sus brazos y cierren la puerta. Eso impedirá encontrar la causa real de la separación, impidiendo la resolución. De acuerdo con algunas investigaciones en temas de pareja, culpar es la razón número uno de las rupturas.

Culpar a tu pareja cuando hay diferencias no solo hará que esta se ponga a la defensiva, sino que no permitirá descubrir las causas reales de la dinámica que ocasiona el conflicto, y de esa forma avanzar en su resolución. Aprender, en cambio, a mirar las cosas desde múltiples perspectivas, a validar también las preocupaciones del otro, a reconocer tu contribución a la dinámica con responsabilidad, son habilidades relacionales que profundizarán tu conexión.

La empatía es fundamental en estas situaciones. Aprender a mirar con los ojos del otro y comprender sus razones, aunque no las comparta, perdonar si es el caso, es indispensable para profundizar la comunicación.

+ **Cortar la comunicación.** Es un error fatal porque si no podemos hablar no podremos resolver. Al cortar la comunicación directa caemos en supuestos, y somos presa fácil de los chismes. No suponga las intenciones o motivaciones del otro. Tome un espacio de tiempo, si es necesario, para equilibrar sus emociones y luego extienda su mano, abra el diálogo y clarifique la situación, sin culpar, solo tratando de comprender. Jesús dijo que, si tienes algo en contra de tu hermano, o si él tiene algo en contra de ti, lo busques y hables en primer lugar a solas. Es decir, ten la conversación difícil. Si no se puede resolver, llama un árbitro, pero pelea por esa relación mientras sea posible.

+ **No reconocer sus emociones.** Personas, temas de conversación y relaciones pueden generar emociones fuertes y encontradas en nuestro interior. Conversar acerca de ello puede desatar sentimientos como miedo, angustia, frustración, enojo, etc. Reconozca sus propias reacciones tanto emocionales como racionales, y cómo pueden interferir en su conversación. El no reconocerlas y enfrentarlas hace más daño que bien. Incluso un sentimiento que se considera positivo, como la esperanza, puede quitarnos la objetividad e impedirnos terminar una relación tóxica, o cerrar un ciclo que es necesario terminar. Sea cual sea la emoción que genera la conversación, es preciso que la sepamos reconocer.

Abrir el diálogo nos puede hacer sentir vulnerables, pero si no lo hacemos, no encontraremos un camino para resolver el conflicto. A veces tenemos sentimientos encontrados frente a una situación; será necesario hablarlos sin culpar al otro por lo que sentimos. La clave es hacernos responsables de ellos.

Si no sientes que es el momento por cualquier circunstancia, o te encuentras muy cargado emocionalmente, es mejor esperar hasta que bajen las aguas y se encuentren en un estado de ánimo más adecuado. También se puede retrasar la conversación si no tenemos la información concreta del asunto a tratar. Pero tenga cuidado de que sus pensamientos repetitivos reafirmen su emoción y busque armas de ataque en lugar de encontrar un punto de encuentro.

+ **Tomarlo todo de manera personal.** No todo se trata de usted, es importante reconocer que el mundo no gira a su alrededor. Tendemos a pensar que nos hacen tal o cual cosa, pero en realidad la persona lo está haciendo porque ella es así, o cree que es lo correcto, no por usted necesariamente. Cuando lo tomamos todo de manera personal, nuestra identidad se ve afectada. Ante ciertas palabras nos sentimos atacados o desvalorizados, pero puede que nada tenga que ver con el afecto hacia usted, sino con el conflicto interno de esa persona en particular.

+ **Atacar.** El ataque garantiza el quiebre de la comunicación. No sirve nada más que para alimentar el orgullo, hacernos creer que teníamos razón o victimizarnos. Y puede ser cierto en ocasiones, pero, ¿logramos algo con eso? En una conversación solo podemos elegir nuestras palabras y acciones, no lo que el otro dice. El ataque hará que el otro reaccione a la defensiva, levante el puente y cierre las murallas, impidiendo la solución del problema. Atacar, como lo hizo Saúl, puede marcar el rumbo no solo de la conversación, sino de la relación que existe con esa persona y de su vida misma.

+ **La crítica en cualquiera de sus formas.** Cada vez que critica a alguien, le está diciendo "yo soy superior". La crítica es una manera de comunicación que aleja y no conecta. Aunque puede ser disimulada a través de bromas o sarcasmo, no deja de ser crítica. Una de las formas más desleales de hablar es aprovechar confesiones dichas en momentos de intimidad y apertura para luego sacárselas a la cara. No piense que su crítica ayudará en la conexión. El sarcasmo es como un puñal que se clava en el corazón. Proverbios 12:18 (DHH) dice: *Hay quienes hieren con sus palabras, pero hablan los sabios y dan el alivio.*

+ **Invalidar los sentimientos o acciones de los otros, empequeñece a los demás.** Vea de manera objetiva a la persona detrás de la diferencia que puedan tener. Hay varias formas de invalidación: puede empezar con el lenguaje corporal, como no mirar a los ojos a quien habla o continuar haciendo lo que hacíamos sin detenernos siquiera a escuchar. Eso es no dar importancia a la

¿CÓMO RESULTARÍA LA CONVERSACIÓN SI EN LUGAR DE QUEJARSE DE LO QUE EL OTRO HACE, USTED CAMBIA LA CONVERSACIÓN HACIENDO UNA PETICIÓN?

persona, ni a su situación o a los sentimientos que tiene; o no ser sensible a la necesidad del otro. Puede ser que él o ella está esperando un elogio por algún acto positivo y es ignorado, en tanto que algún problema menor es recalcado; entonces, se sentirá menospreciado.

Las pequeñas cosas, las pequeñas bondades, son importantes, pero así mismo las pequeñas asperezas y faltas de respeto. No reconocer los esfuerzos de quienes nos rodean es una de las más grandes formas de desmotivar: el ama de casa que se ha esmerado en cocinar una comida especial para su familia y nadie da crédito a su trabajo, no querrá volver a esforzarse. La invalidación es una humillación dolorosa, que daña la autoestima de aquel cuyos sentimientos u opiniones son ignorados.

+ **No escuchar de verdad.** Ya lo dijimos, pero hace falta repetir. Cuando oye, ¿escucha? Cuando mira, ¿ve? Escuchar exige estar muy atento a las respuestas, tanto a lo que dice con palabras como a las emociones que transmite. Se dice que se nos han dado dos orejas y una boca para escuchar el doble de lo que hablamos. Escuchar es una habilidad que requiere concentración y práctica; y ser escuchado de verdad, plenamente, es todo un lujo que debemos apreciar muchísimo.

Quizá lo más difícil para que podamos mantener una conversación es aprender a callarnos. Si preguntamos algo, debe ser porque nos interesamos en lo que el otro cree, siente o planea. Al preguntar para comprender, tendremos una perspectiva completamente nueva de la situación sobre la que hablamos. Las preguntas no deben emitir un juicio de valor, solo activan la atención, ofrecen apoyo y resultan motivadoras. El interés mantiene la atención, por lo que necesitamos interesarnos genuinamente por las cosas que al otro le interesan.

+ **No diferenciar el problema de la persona.** La diferencia de opinión debe ser sobre un tema concreto, y sobre eso debe centrarse la discusión. Esa separación es fundamental. Es indispensable tener presente que la conversación no es una batalla entre dos personas, sino una interacción que busca comprender el punto de vista del otro, colaborar y cooperar en bien de la relación.

¿Cómo se siente cuando lo han malinterpretado? ¿Cuáles son los sentimientos que se acumulan dentro de usted? ¿Soledad? ¿Frustración? ¿Desilusión? ¿Resentimiento? Muchas emociones negativas surgen del corazón de aquellos que han sido malinterpretados, y es que todos queremos ser comprendidos.

+ **Ser inflexible.** En toda relación se necesita flexibilidad y adaptación para convivir y manejar los conflictos y los cambios que se dan con el tiempo. Si una pareja tiende a la rigidez e inflexibilidad de ideas y hábitos, puede llegar a asfixiarse, caer en la monotonía, el aburrimiento y la rutina hasta llegar al hastío, sobre todo cuando estos factores solo satisfacen a uno de los miembros de la pareja.

+ **Quejarse.** La queja es una de las maneras más desagradables de hablar. Pone a las personas a la defensiva y tiende a exagerar las situaciones.

¿Cómo resultaría la conversación si en lugar de quejarse de lo que el otro hace, usted cambia la conversación haciendo una petición?

En ninguna conversación podemos elegir la respuesta del otro, lo que diga o cómo lo diga no está bajo su control. Ni siquiera podemos controlar las emociones que nos genera a nosotros de manera espontánea, mucho menos la de los demás; pero lo que sí se puede elegir —y esa es nuestra gran responsabilidad— es la respuesta que damos a lo que pasa. Hacerlo de una manera u otra puede marcar el rumbo no solo de la conversación que estamos manteniendo, sino incluso de la relación que existe con esa persona.

El idioma de la queja es uno de los más negativos que podemos emplear, no aporta en nada, solo fortalece nuestra percepción de víctimas.

La palabra sigue siendo el gran regalo, y hablar es necesario para resolver conflictos. Si aprendemos cómo, podremos construir relaciones más sanas y duraderas.

CATORCE

HABLANDO EN FAMILIA

Una familia feliz es una larga conversación
que siempre parece demasiado corta.
André Maurois

El ejemplo de la mujer virtuosa descrita en Proverbios 31 es usado muchas veces para la mujer como madre y esposa. *"Mujer virtuosa, ¿quién la hallará?".* Hoy queremos analizar la forma de comunicación que hay en ese grupo familiar, y así aprender cómo hablar en familia.

Su hablar era amable y empático. Se nos dice que ella habla con palabras de sabiduría y clemencia (Ver Proverbios 31:26).

Por otra parte, el esposo y los hijos fueron generosos en sus elogios para con la esposa y madre. Apreciaban su trabajo y se lo hacían saber, elogiándola públicamente. Proverbios 31:28-29: *Se levantan sus hijos y la llaman bienaventurada, Y su marido también la alaba: Muchas mujeres hicieron el bien; Mas tú sobrepasas a todas.*

Esa era una familia que había encontrado el secreto de una comunicación amable y positiva. ¡Por supuesto que esta mujer tenía la motivación suficiente para seguir siendo todo lo que era! Y su familia mantenía una sana relación entre ellos.

En contraste, la mayoría de familias hoy están enfermas, porque no han aprendido a comunicarse con amabilidad. La falta de respeto es una epidemia.

Desde hace varios años se ha tratado de determinar algunas razones que influyen en la separación de los matrimonios. Se han estudiado a muchas parejas, resaltando un dato sorprendente: No importaba lo enamorados que decían estar los novios al casarse; no importaba el afecto que se mostraban, o cuánto peleaban. La forma en que se hablaban era fundamental para que las parejas permanecieran juntas. Las parejas que intercambiaban más ofensas eran mucho más propensas a terminar en el divorcio que las parejas que aprendían a comunicarse de una forma respetuosa, edificante y amable.

El Dr. John Gottman, experto en relaciones matrimoniales, ha manifestado que se puede predecir un divorcio con casi el 100 % de exactitud con solo observar si las parejas se honran mutuamente. Alguien dijo que, si el matrimonio fuera un carro, la honra sería la gasolina. Es decir que, sin ella, el auto no puede funcionar.

La forma como miramos a nuestra pareja es fundamental, porque realmente no son las cosas en sí mismas las que generan respuestas positivas o negativas en nosotros, sino la forma en que las vemos.

Parece que la mayoría de nosotros tiene la vista muy corta para ver lo positivo de aquellas personas que nos rodean, y entonces no apreciamos sus esfuerzos o sus virtudes. Dejamos de ver las cualidades que hicieron que un día esa persona fuera atractiva, y los defectos se vuelven enormes; entonces las relaciones se dañan.

Usted decide lo que es valioso para su vida y actuará de acuerdo con su elección. Puede elegir ver a su esposo o esposa como alguien valioso, decidir que lo valorará y honrará, y los sentimientos seguirán a sus decisiones, porque nuestro corazón siempre sigue a nuestros pensamientos.

Las creencias generan pensamientos, los pensamientos afectan nuestras emociones, y las emociones motivan nuestro comportamiento. La honra, el respeto, la valoración, no pueden quedarse en pensamientos ni ideas, la honra no es honra hasta que se traduce en palabras y acciones positivas. De lo contrario, no sirve.

Al tomar la decisión de tratar a su cónyuge como un valioso diamante, lo cuidará como nunca hubiera imaginado. Esto se denomina "enfoque de confirmación", y quiere decir que sin importar si lo que creemos de una persona es cierto o no, buscaremos evidencias para apoyar nuestra creencia. Por eso justificamos a quienes amamos y condenamos con mayor severidad a las personas con las que hemos tenido diferencias.

Piense en las cualidades positivas de su cónyuge y entonces comenzará a valorarlo. Tal vez la manera más práctica de hacerlo es recordar qué fue lo que le impresionó la primera vez que lo vio.

Hace años escuchamos la historia de aquel muchacho que envió una nota a su novia. "Mi amor —le decía—, por ti bajaría las estrellas, sería capaz de cruzar el océano más ancho tan solo por mirarte, nadaría en ríos profundos y me enfrentaría a cualquier cosa tan solo por un momento a tu lado. Y te veré el sábado si no llueve…". En este caso, las palabras no tenían el peso de acciones que las confirmaran, por tanto, se las llevaría el viento.

Escúchese a usted mismo mientras habla con su cónyuge, con su madre, con los niños… ¿Sus palabras los edifican o destruyen? ¿Por qué nos sorprendemos de que los chicos estén deprimidos y quieran huir de sus casas?

Efesios 4:29: *Ninguna palabra corrompida salga de vuestra boca, sino la que sea buena para la necesaria edificación, a fin de dar gracia a los oyentes.* Mire que no dice únicamente que no debemos hablar "malas" palabras, sino que nuestras palabras deben ser aquellas que son necesarias para la edificación de los demás.

Si les dicen a sus hijos que son increíblemente importantes, ellos lo creerán. Si constantemente los comparan con sus hermanos, no permitirán que desarrollen su propio carácter, ni que se sientan bien por sus propias cualidades. Si les gritan, crearán un ambiente frío e inhóspito, que será como hielo sobre su tierna sensibilidad.

Como todo en esta vida, una familia se construye con palabras. Las familias sanas saben cuándo hablar... y cuándo callar.

No es necesario estar de acuerdo para validar sus sentimientos u opiniones del otro, la clave está en el respeto para cada miembro, incluyendo niños y jóvenes. Muchas familias se sientan juntos a la mesa, pero cada uno vive en su propio mundo. Generalmente los adultos invalidamos los sentimientos y las opiniones de los niños, eso los frustra y empuja cada vez más hacia el mundo virtual.

Cada vez hablan menos y el silencio se vuelve peligroso. Puede ser indicio de falta de interés, hostilidad o aburrimiento. No cabe duda de que la comunicación es la única manera de llegar a la conexión.

Cuando una pareja no se habla, el resultado es la amargura. Y cuando lo hacen con palabras exigentes, violentas e irrespetuosas muestra una familia enferma.

Es necesario encontrar el tiempo y el espacio para esas conversaciones significativas.

Muchos matrimonios no tienen privacidad, y por tanto sus conflictos suelen ventilarse fuera de la pareja. Ellos mismos dicen cosas sobre su relación a quien no deben, en lugar de buscar ayuda en el lugar correcto.

Me pregunto: ¿debe un padre o una madre hablar de sus problemas sexuales con sus hijos? Por supuesto que no, tampoco con sus padres. Ni con su mejor amigo o amiga. Necesitan un profesional confiable.

¿QUÉ ES LO QUE MATA EL AMOR Y ENFRÍA LAS RELACIONES DE UNA PAREJA? GENERALMENTE NO SON GRANDES COSAS, SINO LA ACUMULACIÓN DE MUCHAS Y PEQUEÑAS COSAS QUE IRRITAN AL UNO Y ENOJAN AL OTRO. SE CONVIERTEN EN "UNA PIEDRA EN EL ZAPATO".

Las pequeñas cosas importan. ¿Qué es lo que mata el amor y enfría las relaciones de una pareja? Generalmente no son grandes cosas, sino la acumulación de muchas y pequeñas cosas que irritan al uno y enojan al otro. Se convierten en "una piedra en el zapato".

Una pequeña semilla hará crecer un gran árbol. Solo necesita dos elementos: ser regado constantemente y el tiempo para madurar. **Siempre la semilla producirá más de lo que se ha sembrado.**

Los pequeños detalles alegran el alma, pero así mismo las pequeñas asperezas y faltas de respeto quiebran la unidad. En una relación, las cosas grandes son las cosas pequeñas. *Atrapen las zorras, las zorras pequeñas que arruinan nuestros viñedos, nuestros viñedos en flor* (Cantares 2:15).

Las huellas que dejan expresiones negativas atan de tal manera a los hijos que, en muchos casos, no se pueden deshacer de esa atadura durante toda su vida.

Desde el punto de vista positivo, si los padres declaran sobre sus hijos la Palabra de Dios cada día antes de que se vayan a la escuela, dejarán también una marca imborrable. Y es muy fácil hacerlo. Por ejemplo, tome el Salmo 91 y diga: "Padre, tú me prometiste que mandarás a tus ángeles para que cuiden de nosotros y que ningún mal llegará a nuestro hogar, así que te doy gracias porque mis hijos cuentan con esa protección sobrenatural, y porque tú estás guiándoles y cuidándoles".

Y aunque hay palabras que no parecen buenas, como las palabras de disciplina, son necesarias. Recuerde balancear la verdad con amor. La voz de corrección es necesaria con firmeza y respeto. Amar no siempre significa abrazar y susurrar. Cuando nuestros hijos son rebeldes, les hace falta oír la voz de la corrección.

Si usted repite las promesas de Dios sobre los suyos a diario, lo que hace es ponerse de acuerdo con Él, para que estas se cumplan. Y dice Jesús que, si dos se ponen de acuerdo, se puede pedir lo que sea, y nos será hecho.

Antes de que Jesús haya iniciado su vida pública, el Padre ya estaba complacido con él. No por lo que había hecho, sino por quien era. Estas son sus palabras:

Cuando Jesús salió del agua, vio que el cielo se abría y el Espíritu Santo descendía sobre él como una paloma. Y una voz dijo desde el cielo: «Tú eres mi Hijo muy amado y me das gran gozo».   (Marcos 1:10-11 NTV)

¿Podrá decir usted esas palabras a sus hijos?

EPÍLOGO

Pues la palabra de Dios es viva y poderosa. Es más cortante que cualquier espada de dos filos; penetra entre el alma y el espíritu, entre la articulación y la médula del hueso. Deja al descubierto nuestros pensamientos y deseos más íntimos. (Hebreos 4:12 NTV)

Es imposible no comunicarse.
Paul Watzlawick

Muchas cosas se quedan por decir, porque mientras más se profundiza sobre el tema, más amplio y apasionante se hace. Las palabras crean un mundo que nos envuelve completamente.

Hemos aprendido acerca del gran regalo y de las dificultades que la humanidad está teniendo para disfrutar de una ciencia y un arte en movimiento. Hoy sabemos que por medio de la palabra se pueden crear cosas de la nada, transformar un mundo gris en uno de colores, y calmar un momento de angustia a través de palabras que sanan.

Y aunque la forma de comunicar y conectar puede cambiar, los principios básicos y las normas no escritas siguen siendo las mismas a través del tiempo. El hablar es parte de ser humanos, con todos sus privilegios y responsabilidades.

Pero más allá de pensar en los problemas que la humanidad tiene con la palabra, nos ha sumergido en una reflexión personal. El Espíritu Santo, cuya labor es convencer al mundo de pecado, justicia y juicio, ha trabajado con bisturí en nuestra alma, poniendo el foco en cosas que necesitamos corregir y trayendo a memoria hechos y situaciones que estaban aparentemente superadas. Escribir se volvió difícil en determinados momentos justamente porque antes de salir la palabra penetró el alma, dejando al desnudo las intenciones escondidas del corazón, sacando más de una lágrima en el proceso.

La conclusión a la que llegamos es que todos, sin importar edad, ni condición, o el lugar de donde provenimos, indudablemente pecamos con nuestra lengua y necesitamos con urgencia aprender sobre el arte de la comunicación para vivir una vida plena. Más allá de aprender ortografía y gramática, aprender a comunicarnos debería ser materia obligatoria en todas las aulas. La palabra y su buen uso es un arte en cuyo interior existe todo un universo de riqueza infinita, porque las palabras crean realidades.

Aunque no digamos ni una palabra, nuestro cuerpo habla constantemente, y sin importar la profesión que tengamos o el trabajo que desempeñemos, aprender a comunicarnos mejor es necesario, porque es el puente que nos une con la familia, los clientes, pacientes, empleados, compañeros o amigos. Y con Dios.

Conversación a conversación, la vida pasa rápidamente; palabra a palabra, cada día conectamos o no con quienes hacemos este viaje.

Hablar unos con otros puede ser como un baile lleno de palabras que nos enriquece y trae alegría a la vida. Tenemos la opción de hacer de él una fiesta maravillosa en la cual, si logramos sintonizar, disfrutaremos enormemente. No se la pierda escondido tras una pantalla.

Es cierto que a veces podemos sentir el dolor de un pisotón de alguien que baila a un ritmo diferente, o el empujón de quien quiere sacarnos de la fiesta. Como seres humanos tenemos la opción de elegir la mejor respuesta. Si aprendemos a manejar las reglas no escritas de la comunicación, será más fácil.

Busquemos edificar la vida de quienes nos rodean manteniendo una adecuada conexión que traerá alegría a todos. Parte del éxito en esta tarea será mantener una **actitud de gratitud** por los buenos tiempos vividos, las experiencias positivas, los detalles amables y los actos de bondad; pero sobre todo las buenas conversaciones con quienes compartimos la vida, nos harán sentirnos agradecidos.

La vida es maravillosa, vívala con alegría disfrutando de la gente a su alrededor. Y de su palabra.

ACERCA DE LOS AUTORES

Jimmy y Aida Cornejo han estado casados por más de cuarenta y tres años. Han liderado juntos, durante más de treinta años, el Centro Cristiano de Cuenca, una comunidad de miles de personas en Cuenca, Ecuador.

Dedican la mayor parte de su labor como asesores y consejeros familiares, ayudando a miles de personas a hacer cambios en su dinámica familiar y laboral, y a resolver los problemas más comunes en las relaciones, como es la comunicación.

Ambos tienen un Doctorado en Teología. Aida tiene un Doctorado en Derecho y es una coach certificada.